LOS 7 PILARES DEL amor PROPIO

WALTER RISO

LOS 7 PILARES DEL *amor* PROPIO

Cómo forjar una relación profunda
y enriquecedora con uno mismo

© Walter Riso, 2025
c/o Schavelzon Graham Agencia Literaria
www.schavelzongraham.com

Diseño de portada: Planeta Arte & Diseño / Lisset Chavarria Jurado
Adaptación de portada: © Genoveva Saavedra / aciditadiseño
Fotografía del autor: © Antonio Navarro Wijmark
Obra editada en colaboración con Editorial Planeta, S. A.

Derechos reservados

© 2025, Editorial Planeta Mexicana, S.A. de C.V.
Bajo el sello editorial PLANETA M.R.
Avenida Presidente Masarik núm. 111,
Piso 2, Polanco V Sección, Miguel Hidalgo
C.P. 11560, Ciudad de México
www.planetadelibros.us

Primera edición impresa en esta presentación: junio de 2025
ISBN: 978-607-39-2731-4

No se permite la reproducción total o parcial de este libro ni su incorporación a un
sistema informático, ni su transmisión en cualquier forma o por cualquier medio,
sea este electrónico, mecánico, por fotocopia, por grabación u otros métodos,
sin el permiso previo y por escrito de los titulares del *copyright*.

Queda expresamente prohibida la utilización o reproducción de este libro
o de cualquiera de sus partes con el propósito de entrenar o alimentar sistemas o
tecnologías de Inteligencia Artificial (IA).

La infracción de los derechos mencionados puede ser constitutiva de delito contra
la propiedad intelectual (Arts. 229 y siguientes de la Ley Federal del Derecho
de Autor y Arts. 424 y siguientes del Código Penal Federal).

Si necesita fotocopiar o escanear algún fragmento de esta obra diríjase al CeMPro
(Centro Mexicano de Protección y Fomento de los Derechos de Autor,
http://www.cempro.org.mx).

Impreso en los talleres de Bertelsmann Printing Group USA
25 Jack Enders Boulevard, Berryville, Virginia 22611, USA.
Impreso en EE.UU. - *Printed in the United States of America*

No solo los demás, sino nosotros mismos, somos «objeto» de nuestros sentimientos y actitudes; las actitudes para los demás, y para nosotros mismos, lejos de ser contradictorias, son básicamente conjuntivas.

ERICH FROMM

La más grande cosa en el mundo es saber cómo pertenecer a uno mismo.

MICHEL DE MONTAIGNE

Conocer a los demás es sabiduría, conocerse a uno mismo es iluminación.

LAO-TSE

Cada cosa se esfuerza, cuanto está a su alcance, por perseverar en su ser.

SPINOZA

ÍNDICE

Introducción.   13

PILAR 1.
APRENDE A DISTINGUIR QUÉ ES
Y QUÉ NO ES EL AMOR PROPIO

Empezando el camino hacia ti mismo   25

¿Escondes tus virtudes para que te acepten
los demás?.   31

¿Alguien te ha enseñado alguna vez cómo
lograr tener un buen amor propio?.   33

Cómo bloquear el desarrollo del amor propio
en un niño.   35

No te dejes llevar por los malentendidos:
¿te sientes culpable cuando te amas
a ti mismo?   37

Pilar 2.
ACTIVA LA ACEPTACIÓN INCONDICIONAL DE TI MISMO, EL CORAZÓN DE AMOR PROPIO

El amor empieza por ti 45
El amor propio es tratarte como lo harías
    con una persona a la que amas 48
Amas lo que la persona es o no amas nada 50
Los tres principales enemigos de la aceptación
    incondicional de uno mismo 52
El amor propio, más allá de la autoestima. 88

Pilar 3.
TRÁTATE CON AMABILIDAD Y DATE EL GUSTO QUE MERECES

El amor propio como autocuidado 94
Propicia las autoverbalizaciones empáticas
    y realistas 99
Sé honesto con tu persona, no te mientas ni
    te autoengañes 104
Date gusto y no seas tacaño con tu persona. 107
Celebra tu existencia: declara un día
    solo para ti 110
La importancia del autoelogio. 114
Crea tu lugar en el mundo 117
Autocompasión. 123
Amar la propia humanidad. 125
El poder del autoperdón: una experiencia
    personal. 126

Pilar 4.
DEFIENDE TU AMOR PROPIO Y APRENDE A MARCAR LÍMITES

Autoconocimiento y autoafirmación 134
Reafirma tu dignidad 138
Tres principios para entender el irrespeto
    y hacerle frente. 142
Ponte a prueba. 147
No estés en el lugar equivocado 150
No te avergüences de ti mismo 151
Despierta a tu guerrero interior. 153
Despréndete de los estigmas que te han
    impuesto y recupera una percepción
    saludable de ti mismo. 158
Si veneras a alguien, te pierdes a ti mismo 160
Aléjate de los amigos tóxicos. 166

Pilar 5.
LIBERA EL AMOR PROPIO DE LOS APEGOS Y CONÉCTALO CON TUS VALORES

Define lo que es importante para tu vida. 175
No te dejes secuestrar por los apegos 177
La falsa felicidad 180
No te mimetices en nadie ni nada: tu identidad
    no se negocia 182
Abraza la impermanencia y empieza
    a desapegarte 186

Aprender a renunciar nos acerca
al amor propio 188
El amor propio emancipado 190
Lo que define la dirección de tu vida son
los valores y no los apegos 196
Haz un listado de tus valores. 201
Aprende a rastrear y leer las señales que
te conducen a los valores 205
No tienes precio, vales 211
Apegos versus valores: lo esencial 214

PILAR 6.
CAMBIA TU NARRATIVA Y RESCRIBE UNA HISTORIA PERSONAL QUE FORTALEZCA EL AMOR PROPIO

No permitas que el pasado te condene. 216
El determinismo negativo te quita autonomía
y debilita el amor propio 219
Las viejas soluciones no siempre sirven. 221
La memoria no es una fotografía exacta de
lo sucedido 222
Lo que debes tener en cuenta para empezar a crear
una nueva historia personal. 226
Rescribe tu historia personal 228

PILAR 7.
EL AMOR PROPIO EN ACCIÓN: VUÉLCATE AL MUNDO Y VIVE INTENSAMENTE

No te anules y arriésgate 245
Conviértete en un explorador de
tu propia existencia 249
Acércate al sufrimiento y aprende a leerlo 252
Conversaciones con el pensamiento que
provoca tu sufrimiento 260
Los peligros de la evitación 261
Uno de los mayores paradigmas de
la evitación: la positividad tóxica 265
¿Por qué la positividad tóxica es un factor
negativo para la salud mental? 272
Una metáfora sobre el optimismo ingenuo
y el pesimismo 276

Epílogo 277
Bibliografía. 281
Acerca del autor 287

INTRODUCCIÓN

Nuestro amor propio es la base sobre la que edificamos nuestras vidas y nuestro yo, seamos conscientes de ello o no. En un mundo que constantemente nos bombardea con expectativas, críticas y presiones, el amor hacia uno mismo no es un lujo, sino una necesidad vital para vivir de forma plena y auténtica.

El amor propio es el reconocimiento y la valoración intrínseca de uno mismo, basada en el entendimiento profundo de la dignidad personal y el respeto por quien uno es, sin depender de la aprobación externa ni de los resultados obtenidos. Es una actitud de aprecio genuino que nos impulsa a cuidarnos y a reconocer el valor inherente como seres humanos. No debes ganártelo, lo posees por el solo hecho de estar vivo. Lo que sí debes hacer es nutrirlo y tenerlo en forma.

Podrías preguntarme: «¿Cómo? ¿No basta con la autoestima?». Mi respuesta sería que, en un número considerable de ocasiones, por sí sola, no alcanza a producir un cambio significativo. La autoestima funciona mejor cuando se asienta en el piso firme del amor propio, por cuanto este implica aceptarte y valorarte independientemente de los resultados y las comparaciones sociales. **La autoestima es importante para tu calidad de vida y la autovaloración que haces de ti mismo. Sin embargo, es una condición necesaria, pero no suficiente para el bienestar.**

Cuanto más dependa la autoestima del rendimiento y del éxito, más variabilidad tendrá, y esa fluctuación producirá estrés y angustia. Tú vales por lo que eres, no por lo que tienes o por tus logros; no son los aplausos, los premios y las lisonjas los que fortalecen el «yo». ¿Puede uno independizarse de los elogios y la aprobación social? Sí, definitivamente. Los apegos te alejan del amor propio; los valores y la alegría te acercan.

Creo que estaremos de acuerdo en que jamás condicionarías el amor que sientes por una persona que amas a su rendimiento o a sus capacidades. Si esto es verdad, las preguntas que guían todo el libro son ¿por qué no lo aplicas a tu persona?, ¿no lo mereces?, ¿te odias?, ¿te menosprecias?, ¿no te sientes querible?, ¿no te gustas ni te aceptas?

El amor propio es una estructura mental de mayor amplitud, que incluye la autoestima, pero cuando se potencian mutuamente se convierten en una fuerza imparable. ¿Te imaginas luchar por tus ideales y aspiraciones, sin poner en juego tu valía personal? El fracaso te molestaría, a quién no; con todo, no te llevaría a la depresión. Si tomas conciencia verdadera de que no eres valioso por tus éxitos o fracasos ni por lo que tienes, sino por tu simple y contundente humanidad, ¿no sentirás un sosiego especial? **Eres valioso en cuanto existes: no tienes precio, vales.**

No elimines la autoestima, trabájala con las estrategias necesarias para ir hacia tus objetivos fundamentales, pero apoyada siempre en el amor propio, pase lo que pase. Si obtienes lo que persigues, te sentirás feliz y profundamente satisfecho, lo festejarás y lo gritarás a todo pulmón, pero al mismo tiempo serás consciente de que no afecta al amor que sientes por ti mismo, así como el éxito de la persona que más amas en tu vida no alteraría el amor que sientes por ella. Saltarías con un solo pie de la alegría por sus logros, pero el amor seguiría con la misma inercia de siempre.

La siguiente metáfora explica de una manera más gráfica lo que quiero significar de la relación entre amor propio y autoestima:

La metáfora del árbol y de la savia

Imagina que el amor propio es un árbol milenario, robusto y alto. Sus raíces son profundas y expandidas. La savia que corre en su interior y que lo mantiene vivo es la autoaceptación incondicional. Ahora, piensa que cada rama representa un proceso de autoestima que se está llevando a cabo en distintas situaciones de la vida (autoconcepto, autoimagen y autoeficacia) y que, si bien antes andaban por el aire, llevadas por los vientos del éxito y del fracaso, ahora están pegadas al árbol, puesto que son parte de él. A partir de este

> momento, pase lo que pase, tu valía personal no dependerá del viento, la lluvia o el calor: tu ser se alimentará de la misma savia con que la naturaleza impregna el tronco. Ya no estás solo o sola, el amor propio te acoge. Tú mismo te abrazas y el árbol no tardará en florecer y dar frutos.

Este libro no pretende ser un manual, sino proponerte un viaje hacia el autoconocimiento, la aceptación y el autocuidado psicológico, con todo lo que eso implica. Los siete pilares del amor propio que exploraremos en estas páginas representan un enfoque integral para construir una relación profunda y amorosa contigo mismo: es como nutrir y poner a funcionar el amor propio en cada acto de tu existencia. Estos principios han guiado mi trayectoria como psicólogo clínico por más de treinta años, en los que he tenido el privilegio de acompañar a innumerables pacientes en el proceso de transformar sus vidas a través del amor propio y, por qué no, la mía también.

Aquí encontrarás una mezcla de conceptos, reflexiones, casos y ejercicios que te permitirán no solo comprender cada pilar, sino ponerlos en práctica e integrarlos en tu día a día. Desde aprender a tratarnos con amabilidad y celebrar nuestra existencia, hasta entender el poder de fijar límites saludables y reafirmar tu dignidad personal. Cada pilar te brindará las herramientas para abrazar tu singularidad y sentir más ganas de vivir. Y algo que quizás has ido perdiendo por el camino: confiarás plenamente en tu persona.

Guarda esto en tu memoria como un pensamiento guía. **Eres más de lo que crees, más que una máquina de producir, más que un recuerdo, más que una historia, eres vida en constante evolución: tienes dignidad y una identidad que te define.**

Eres un sistema abierto que se autogenera, se actualiza a sí mismo y se reinventa sin parar. Por eso la frase que nos llega desde la antigüedad y dice «hazte cargo de ti mismo» es un intento de reafirmar tu condición humana.

No debes tener miedo a tu individualidad: si bien te acerca a ti mismo, no te aleja de los demás. Tener amor propio no es incompatible con sentir empatía y compasión por los otros. ¿Qué ama de sí misma una persona que dice tener amor propio? Su humanidad. **Cuando veamos nuestra singularidad como una virtud, solo entonces hallaremos la paz.**

Este libro habla de siete condiciones que, si se identifican correctamente y se ponen en práctica, irán gestando en ti la aceptación incondicional de quien eres. Te sentirás orgulloso de todo lo que has intentado con alma y vida, así no siempre hayas ganado. Montaigne consideraba el amor propio como la capacidad de conocerse y aceptarse, reconociendo las propias limitaciones y fortalezas. ¿Lo haces? ¿Te aceptas con tu vulnerabilidad e infalibilidad a cuestas? No somos perfectos, afortunadamente. ¿O será que tu mente tiene incrustada esa ambición absurda descontrolada de querer más y más? Porque si fueras «perfecto», serías predecible, aburrido y estarías desconectado de los «normales», que seríamos imperfectos de pies a cabeza. Serías un autómata disfrazado de humano.

Amarte a ti mismo tiene un gran impacto sobre la salud mental y física. Solo para poner un ejemplo, el amor propio ha demostrado ser un factor clave en el bienestar, en la calidad de las relaciones afectivas, en la disminución de la depresión y la ansiedad, en la mejora del autocuidado y los hábitos saludables, y en el fortalecimiento del sistema inmunitario y cardiovascular. La investigación en este campo es cada vez más abundante.

El libro consta de siete partes; cada una corresponde a un pilar o a un fundamento que te ayudará a transitar el camino y la experiencia increíble de amarte a ti mismo. Veamos cada pilar en detalle.

En el pilar 1, «Aprende a distinguir qué es y qué no es el amor propio», te invitaré a desafiar la presión cultural de que el amor propio solo persigue el autointerés, es egoísta y profundamente narcisista. Explicaré por qué no es así. Las investigaciones muestran que amarse a sí mismo y establecer límites claros conduce a tener relaciones más auténticas y significativas. No tienes que publicar que has entrado al mundo del amor propio, sino vivirlo. Es una experiencia individual e intransferible.

En el pilar 2, «Activa la aceptación incondicional de ti mismo, el corazón de amor propio», este primer paso gira alrededor de una afirmación central: **el amor**

propio es tratarte como lo harías con una persona que amas. ¿Difícil?, no tanto. Así como no dejas de amar a un hijo o una hija porque sea torpe, no entienda un comino de matemáticas y haga berrinches, ¿por qué no te aplicas esa incondicionalidad a ti mismo? Conoceremos los tres enemigos principales de la autoaceptación incondicional: la autocrítica destructiva, el perfeccionismo y la comparación, y mostraré cómo no dejarse arrastrar por ellos. También expondré las diferencias entre amor propio y autoestima.

En el pilar 3, «Trátate con amabilidad y date el gusto que mereces», ampliaré los horizontes de la autocompasión; abarcaremos también un hedonismo saludable y la importancia del placer de vivir. Darte gusto también es una forma de tratarte bien, como lo es celebrar tu existencia o crear tu lugar en el mundo. Te haces daño por acción o por omisión. La capacidad de consolarte y bajar tus niveles de autocrítica y ver lo que compartes con la humanidad sin duda sirve terapéuticamente. Pero para cimentar un AMOR PROPIO con mayúsculas, como verás, se requieren muchas más cosas.

El pilar 4 es «Defiende tu amor propio y aprende a marcar límites». ¿Marcar límites? ¡Obvio! Hay que proteger el amor propio porque es una manera de protegerte a ti mismo de cualquier cosa que vaya en contra de tu autorrespeto, autoafirmación y autonomía. *Amor propio* significa no ceder cuando se trata de principios y defenderlos. Tratarte bien es sentar precedentes sobre lo que no piensas negociar. Si tienes claro esto, tu fortaleza interior se multiplicará. Aquí trataremos el tema de la valentía y la cobardía.

En el pilar 5, «Libera el amor propio de los apegos y conéctalo con tus valores», plantearé de qué manera el apego idiotiza y te corrompe. Aquí aprenderás a discriminarlo y a empezar a soltarlo. También comprenderás cómo es que los valores marcan tu norte. Si los descuidas, no habrá direccionalidad y andarás en círculos como un perro persiguiendo su propia cola. En este pilar trataremos de descubrir qué cosa es realmente importante para ti.

El pilar 6 es «Cambia tu narrativa y rescribe una historia personal que fortalezca el amor propio». No solo somos esclavos de nuestra memoria y la narrativa que la acompaña, sino que somos los creadores de ese contenido. No se trata de cambiar tu historia y crear una ficción que alimente el autoengaño. Aprenderás a mirar tu historia personal con otros ojos, a renovar la percepción que tienes de ella. A poder equilibrar tu historia del «yo», limpiarla, revisarla y rescribirla.

El pilar 7 es «El amor propio en acción: vuélcate al mundo y vive intensamente». Aquí veremos cómo el amor propio florece cuando somos capaces de abrazar nuestras experiencias de la vida cotidiana, tanto las positivas como las negativas. Lo que te permite desarrollar un amor propio más completo y resiliente es sumergirte en las complejidades de la existencia y enfrentar sus dificultades sin lamentaciones ni remilgos. Definitivamente, nuestras vivencias son el combustible del crecimiento personal. Hay que hacer a un lado la positividad tóxica, lidiar con lo negativo y mirar cara a cara el sufrimiento, solo así podrás construir un verdadero autoconocimiento y una percepción positiva de ti mismo.

Bienvenido entonces a este recorrido, en el que espero que rescates tu amor propio de todo ese peso de creencias irracionales y limitantes. Aunque esté aprisionado por una acumulación de estupideces que te impiden avanzar, como verás, el amor propio nunca muere, porque nació contigo y se va contigo. Es el núcleo duro de tu supervivencia emocional. Aprender a amarte a ti mismo significa permitirte la felicidad de entrar en tu vida sin restricciones.

Te dejo este pensamiento del maestro Thich Nhat Hanh, que está en su libro *El arte de vivir*, en el que aborda el tema de la aceptación incondicional y cómo expresar la verdadera esencia de uno mismo (lo que en verdad somos, sin excusas ni evitaciones): «Ser bello significa ser uno mismo. No es necesario ser aceptado por los demás. Tienes que aceptarte a ti mismo».

PILAR 1

APRENDE A DISTINGUIR QUÉ ES Y QUÉ NO ES EL AMOR PROPIO

Muchas veces nos avergonzamos de amarnos a nosotros mismos, como si fuera un acto de egocentrismo. Estamos confundidos porque no sabemos recibir y abrazar el amor propio con la alegría y tranquilidad que se merece, nadie nos lo ha enseñado. Sabemos que es algo bueno, pero también pensamos que es algo peligroso.

Al hacerlo a un lado, al no incluirlo en tus necesidades básicas, te debilitas a ti mismo. Es como si el amor propio nos pesara demasiado, no lo entendemos o pensamos que no lo merecemos. Incluso algunas personas consideran el amor propio como algo obsceno o extravagante.

Lo siento, pero te guste o no, hagas lo que hagas, tu existencia como ser humano siempre te empujará a que actives la capacidad de amarte a ti mismo. No de la manera básica como lo hacen los animales, sino mucho más profunda y más allá de la mera supervivencia física. En los humanos, amarse a sí mismos es entrar en un mundo de autoconocimiento, autocuidado emocional, dignidad y valores. La mente nos lleva allí una y otra vez, a la estructura primordial del amor propio, y a veces no somos capaces de hacer contacto con esta.

Un paciente me decía: «Entiendo lo que me propone, pero ¿no es demasiado? ¿No sería mejor solo "estimarse" a uno mismo?». No le tengas miedo a la palabra *autoamor*, porque cuando lo aplicas, te tratarás bien, defenderás tu humanidad y aprenderás a estar junto a tu persona con autocompasión y aceptación. En tu fuero más interno podrás estar contigo mismo sin que nada ni nadie te diga hasta dónde puedes amarte e intensificar tus sueños. Es tu criterio, es tu derecho y lo que afirma tu dignidad.

Te propongo que intentes acercarte al amor propio sin miedo ni culpa. Quizás hayas perdido el norte y no sepas cómo llegar a ti. La cultura no te ayuda y tus aprendizajes parecen insuficientes o equivocados. El primer paso para construir el amor propio es que tomes conciencia de qué se trata y hagas a un lado las creencias irracionales que te lo impidan. ¿No es algo que te has ganado? Aceptar incondicionalmente quién eres es un acto de humanidad, de profundo compromiso con tu bienestar y calidad de vida. Limpia el camino de malos entendidos y elimina los mitos que te impiden disfrutarlo en plenitud.

Empezando el camino hacia ti mismo

El amor propio no te lo tienes que ganar, te pertenece por el simple hecho de estar vivo y ser humano. Como verás en el pilar 2, el modelo que aquí se explica no excluye la autoestima, sino que la integra, la perfecciona y va más allá de ella.

El amor propio es una función que está enraizada en ti desde que naces, enganchada a tu más profunda animalidad y a los instintos más primarios. Cuando naces, el amor propio es pura autoconservación biológica, que te impulsa a buscar seguridad, bienestar y satisfacción en las emociones básicas.

A partir de ahí, esa pulsión de vida seguirá espoleándote, insistiendo obsesivamente en que perseveres en tu ser, como decía el filósofo Spinoza, en lo que esencialmente eres y que des lucha para avanzar como persona. La dupla vida/amor propio posee una dinámica excepcional: mientras la primera se empecina en que no dejes de existir, el amor por ti mismo te acompaña y te asiste para que *vivas bien y dignamente*. Es un proceso que nunca se acaba, un horizonte al cual apuntas.

Un dato importante, aun cuando estés debilitado, atrapado bajo una chatarra de paradigmas limitantes y una historia negativa que te empeñas en repetir: el amor propio no desaparece porque es evolución en estado puro y constante. Su potencialidad sigue viva y en progreso, así a veces parezca retroceder.

Al construirlo y alimentarlo, te construyes. Cuando te ames de verdad, escucharás una voz interior que te confrontará con cariño, te dirá «no» con ternura, sin autocomplacencia, consolaciones o mentiras. Esa voz te recordará, así quieras negarlo, lo bueno que habita en ti y las virtudes que posees. El amor propio tiene un objetivo: construir la aceptación incondicional de ti mismo, paso a paso, sin desfallecer.

Al ocuparte y preocuparte por tu persona, es decir, al *poner a funcionar el autocuidado psicológico y físico*, nutres y mantienes vivo el amor propio. Esa es la máxima: «¡Ocúpate de ti mismo, ya es hora de que lo hagas!». Tu ser te necesita y te ama, no puede vivir sin ti, así discutan a veces.

Pero escucha bien: no se trata de hacerte cargo de ti mismo solo un rato, cuando te acuerdes o llegues cansado del trabajo. Debes cumplir esta máxima a cada instante y sin descanso. Si tienes un hijo pequeño al que amas, así estés en la oficina o en una reunión, lo llevas dentro, estarás con él, aunque no estés. El fisiólogo ruso Iván Pávlov descubrió que las madres, incluso cuando están dormidas, permanecen alerta y pueden responder rápidamente a los movimientos o sonidos de sus bebés. Llamó a esta conducta *reflejo materno de orientación*.

Piensa en tu amor propio como si fuera una bella planta que tienes en el balcón de tu casa. Necesitas cuidarla, hablarle, mimarla, darle de beber, podarla, ponerla o quitarla del sol; en fin, necesitas estar pendiente de ella simplemente porque la quieres y ya

forma parte de tu existencia. Nunca la romperías, jamás dejarías que se quemara o se contaminara. Y lo mejor es que cuidarla no es una obligación que requiere sacrificio: te place estar con ella y verla crecer. Algún día podrá darte sombra o frutos, pero ese no es tu interés. Te nace y punto.

Cuando andas distraído de ti mismo mucho tiempo, el cuerpo habla y te tira de la humanidad. «¿Qué haces? ¡Cada vez te ocupas menos de tu persona y yo ya estoy cansado de arreglar tus descuidos!». Según la terapia de aceptación y compromiso, solo el 5 % del tiempo nos prestamos atención a nosotros mismos. El resto somos actores de una película que no es la nuestra, de las que vemos en una sala de cine o en Netflix. Una de zombis.

El filósofo Montaigne decía en sus *Ensayos*: «Todo el mundo mira hacia afuera, yo quiero mirar hacia el interior». La verdadera revolución personal consiste en hacer un giro en la mirada de noventa grados, con el que, además de ver lo que ocurre en el mundo, investigues lo que está pasando en tu interior, allí donde se configura tu verdadero «yo». ¿La clave? Que dirijas también tu atención hacia tu persona de tal forma que haya tanta observación como autobservación. ¿Quieres que tu amor propio saque callos como un karateca quinto dan, para defenderse y defenderte? ¿Que se identifique con tu dignidad y autorrespeto? Aprende entonces a ser un investigador de tu propia existencia. Curioséate por dentro y por fuera. Sintiendo o pensando. Como quieras, pero hazlo.

No le tengas miedo a la razón, eres humano porque puedes pensar sobre lo que piensas. Se llama *autoconocimiento*. A los que, siguiendo la moda anticognitiva, dicen que no hay que creerles a los pensamientos, les falta aclarar: «No les creas a los pensamientos que *están equivocados*». Una cosa es rendirles pleitesía y fusionarse ciegamente con ellos, y otra es negar la capacidad humana del raciocinio. Gregorio de Nisa, teólogo y obispo del siglo IV, no muy amigo del amor propio, decía algo que vale la pena retomar para los que desean, según él, rencontrarse con Dios: «Debemos cuidar de nosotros mismos, encender la lámpara de la razón y buscar en cada rincón del alma».

Amarse a uno mismo no es resignarse a ningún sufrimiento innecesario ni a cualquier forma de autocastigo que te hayan enseñado. Solo algunos aprendizajes te sirven para vivir mejor, lo principal lo adquieres con tus propias experiencias. Cada vez que eres como quieres ser (si no es dañino ni para ti ni para nadie) y no como te dicen que seas, tu mente lo celebra porque tus energías se alinean y te acercan a ti mismo, a la dicha del sosiego de abrazar tu singularidad.

Un caso personal

Hace unos años me diagnosticaron una enfermedad autoinmune que afectó a mis riñones: la enfermedad de Berger. Estuve varios días en el hospital y felizmente salí bien librado. Sin embargo, los exámenes de seguimiento fluctuaban, lo cual impedía que entrara en una remisión del caso. Me sentía caminando por una cuerda floja. Entonces decidí hablar con un amigo médico que trabajaba con casos terminales. Una persona muy especial a la cual yo le tenía confianza. Cuando nos reunimos, y luego de esculcarme con métodos nada ortodoxos, me dijo: «Ven, siéntate aquí». Entonces, en un tono de voz amable, me dijo: «En ti viven dos personas: una es producto del aprendizaje social, es convencional, muy apegada a las reglas, piensa mucho antes de actuar y esconde sus emociones. La otra es producto de tus genes napolitanos y tu infancia, es una persona irreverente, espontánea y muy expresiva. Es más atrevida que la otra. Mientras la que mande sobre ti y dirija tu vida sea la primera, andarás con el freno de emergencia puesto, reprimirás lo que eres y eso afectará a tu salud. Si el napolitano se hace cargo y empiezas a ser auténtico y asertivo, todo irá mejor. Si las mezclas, será un desastre». No dudé un instante, sus palabras me llegaron al alma. Era así. Sentí una sensación de libertad y de total alegría. En ese momento tuve la extraña percepción de que mi amor propio se ponía de pie y me decía: «Hola, amigo, te extrañé». No sé adónde fue a parar el sujeto hipercontrolado, lo saqué de taquito en un instante. Cuando comprendes con todo tu ser que algo afecta a tu bienestar, lo sueltas, lo dejas ir o se cae. Sobra.

Aprendí de esa experiencia que se debe estar cómodo internamente, que tu esencia debe moverse a su antojo y que la paz llega cuando existe una coherencia existencial. No puedes acelerar y frenar al mismo tiempo. Hay contradicciones que no te dejan respirar hasta que las resuelves. Si no estás a gusto con quién eres o con el papel que estás interpretando (el que posiblemente te asignaron tu familia o la sociedad), hazles caso a tus valores más profundos y cambia. Todos podemos hacerlo.

La conclusión fue que cuando me siento obligado o presionado a tener alguna actividad que va en contra de lo que me define, desde lo más básico, todo se desorganiza. Es como si yo mismo me estuviera traicionando. No es rigidez, ya que acepto hacer cosas que no me placen, sino ser sensible a mis principios, a lo que de verdad me importa. Por ejemplo: cuando digo «sí», queriendo decir «no» en algún aspecto que considero vital, algo se sacude en mi interior. Algo se incendia en la boca del estómago. Ocurre una reacción similar al tener que escribir un libro que no me convence, dar una conferencia que no me motiva, hacer horas extras cuando no quiero, ir al cumpleaños de alguien que me cae mal, quedarme callado cuando veo que me plagian, rendirle pleitesía a un tipo cualquiera porque representa a una institución cualquiera, abrazar a quien no deseo, y así. Cuando hago cosas que se oponen a mis convicciones más sentidas, además de la quemazón estomacal, me duelen los lumbares y el amor propio me regaña. Mientras el napolitano apoyaba enérgicamente lo que mis células y mis huesos no querían hacer, el otro, queriendo quedar bien con Dios y con el diablo, siempre decía que sí.

¿Escondes tus virtudes para que te acepten los demás?

Si tienes un amor propio bien consolidado y fortalecido, es posible que ciertas personas te miren con recelo. Por ejemplo, que tus compañeros de clase o de trabajo empiecen a considerarte un «pedante» y te hagan a un lado. Entonces te ofuscas, te indignas y maldices. Hasta quieres vengarte de ellos y hacerlos sufrir. Te pregunto: ¿cuál es el problema? Es imposible agradarle a todo el mundo, ¿verdad? ¿O sufres de necesidad de aprobación? No defiendo la pedantería, sino el derecho a disfrutar de las virtudes personales como nos dé la gana y para eso se necesita independencia emocional. Pasar desapercibido en todos los lugares que frecuentas no es la solución. Tu «yo» se resiente cuando tú lo discriminas. ¿Cómo diablos vas a lograr aceptar incondicionalmente tu esencia, si te la pasas escondiéndote para que no sepan cómo eres, qué piensas o qué sientes?

Si una buena parte de la sociedad no acepta el amor propio como un valor, entonces, ¿qué quiere que hagamos? ¿Que tiremos por la ventana el mejor y más potente antídoto contra la depresión y otras enfermedades mentales? Aunque parezca absurdo, en ocasiones se valora más el autosacrificio que el autocuidado, más la tacañería que el autorrefuerzo y más la culpa que la autocompasión.

No tienes que caer en esa trampa. De ninguna manera te rebajes y pidas disculpas por sentirte orgulloso de ser quien eres y confiar en tus capacidades. Es tu derecho inalienable. En la sociedad del recato, se prefiere la falsa modestia, que es una mentira, a la honestidad de reconocer tus cosas buenas. Una amiga mía se pavonea con su hermoso pelo largo negro azabache. Cuando alguien le dice: «¡Qué pelo tan hermoso!», ella sacude la cabeza hacia atrás, sonríe y dice: «¿Te parece? No es para tanto». Mentira. A ella le fascina, le encanta y se siente orgullosa de su cabello, además se le hincha el ego de una manera evidente cuando se lo dicen. Si ella contestara: «Sí, es muy bonito, ¿verdad? Gracias por decírmelo», ¿cuál sería el problema? ¿Arrogancia? ¿Petulancia? Pues no.

Confiésate a ti mismo: ¿alguna vez has ocultado o disimulado tus cualidades para evitar ser rechazado socialmente, porque la mayoría no soportaba que tuvieras alguna virtud destacable? ¿Has utilizado la falsa modestia para quedar bien? Por favor, no te denigres para buscar reconocimiento o evitar que te desaprueben. Te darás cuenta de que te equivocaste un día cualquiera, cuando estés frente a un espejo y no seas capaz de mirarte a los ojos. Sentirás vergüenza de haber sido cobarde.

¿Alguien te ha enseñado alguna vez cómo lograr tener un buen amor propio?

¿Eres un huérfano del amor propio? Pues yo lo he sido, la mayoría de mis amigos y de mi familia también. El sinsentido es evidente: **si amarse a uno mismo es tan importante para la salud mental, la convivencia y el desarrollo de nuestras potencialidades, ¿por qué no educamos a nuestros hijos en el amor propio?** Y la respuesta, tristemente, suele ser «No lo sé...», como si nunca se hubiera pensado en ello.

Cuando se habla del amor propio, casi automáticamente se le ponen límite y condiciones, como si manejáramos material radioactivo. Incluso en periódicos y revistas no científicas, cuando se escribe sobre el tema es evidente la urgencia de los que redactan el artículo de insertar las palabras *empatía* y *altruismo* para «equilibrar», no vaya a ser que el amor propio nos contagie.

Se piensa que «preocuparse por uno mismo» lleva a un ensimismamiento y a olvidarse de la gente que nos rodea. Nuestra educación evita reforzar demasiado el autoelogio, el orgullo, la autoestima y la seguridad en uno mismo, quizás por miedo a que nuestro ego se infle más de la cuenta. Y lo que suele ocurrir es que, por evitar la soberbia, permitimos y exaltamos la sumisión y el autosacrificio, dos esquemas negativos que son un golpe al amor propio.

Uno de los mecanismos por los cuales se trasmite esta pedagogía contraria al amor propio se fundamenta en los denominados *comportamientos guiados* o *gober-*

nados por regla. Una vez que leas lo que sigue, trata de aplicar este principio a tu historia personal. ¿Usaban este método contigo?

Analicemos la cuestión en detalle. Cuando le quieres enseñar una norma a un niño, le explicas que no lo puede hacer porque tendrá consecuencias aversivas o que sí puede ejecutar la conducta porque será beneficiosa para él. Es decir, a veces, el mandato es útil: «No metas los dedos en el enchufe, vas a quedar electrocutado», pero en otras ocasiones propician un mal aprendizaje. Por ejemplo, si le dices a tu hija, con todo el cariño del mundo y con un tono de psicólogo especializado: «¿Por qué no juegas con tu hermanito? Ojo, si no lo haces, cuando él crezca y sea mayor, no te va a querer». Esta instrucción lleva implícito el veneno de la ansiedad. La niña pensará: «¡Dios mío, si no juego con mi hermano, me odiará cuando sea mayor!». La pequeña correrá a jugar con él, no por el gusto de hacerlo, sino por el miedo a perder su amor.

El comportamiento guiado por reglas lleva incluidos los refuerzos o los aversivos futuros, que los niños y las niñas internalizan como si fueran verdades absolutas: bueno o malo, correcto e incorrecto, conveniente o inconveniente. No necesitan experimentarlos, con creer que es cierto lo que indica la regla, es suficiente. Ya viene todo empaquetado.

Repasa un poco tu historia personal, haz una retrospectiva de cómo te educaron y qué aprendizajes están todavía presentes en tu mente. Pregúntate sobre aquellas enseñanzas que aún navegan por tus neuronas, ¿cuántas te parece que valen la pena y cuántas mandarías a la papelera de reciclaje?, ¿cuántas son refrendadas en la realidad y cuántas fueron un invento de papá y mamá? ¿Tenías el derecho al berrinche, a mostrar tu inconformidad frente a tus padres? No digo que tengas que eliminarlas todas, lo que sugiero es separar el trigo de la paja. Creerlas todas con fe ciega afectaría negativamente tu autodeterminación y no creer ninguna sería presunción. Mi propuesta es *duda*. Cuestiónalas, ya que no son leyes incuestionables. Lo que debes tratar de responder es: cuando te enseñaron que tal o cual cosa no debía hacerse, ¿todavía te presiona como si fueras un niño asustado? Los imperativos categóricos que te infundieron, por más *imperativos* y *categóricos* que sean, siempre serán revisables.

Cómo bloquear el desarrollo del amor propio en un niño

Veamos. Juan tiene cinco años y sus padres piensan que el niño es inútil e incapaz para casi todo, y que su destino no es ser el más exitoso. Juan incorpora la regla hasta el alma y no tiene dudas de que es así. ¿Por qué razón la acepta? Es porque piensa «Es imposible que mis padres se hayan equivocado, son personas adultas que conocen la vida y saben lo que me conviene. No me mentirían, y, además, me quieren». Si la consigna de «eres un inútil/incompetente» se repite de manera consistente, según la terapia cognitiva de esquemas del doctor Jeffrey Young, habrá un deterioro de la autonomía del infante a medida que vaya creciendo. El «no soy capaz» se instalará en su mente en forma de autoesquema, una teoría de sí mismo, y no tardará en funcionar como un círculo vicioso. Supongamos que Juan quiere aprender a andar en bicicleta de dos ruedas por primera vez.

1. Como piensa que es incapaz de hacer muchas cosas, tendrá miedo de equivocarse o caerse cuando intente subirse a la bici. No será un niño atrevido y valiente.
2. La ansiedad que produce el pensamiento anticipatorio de «no soy capaz de hacerlo bien» afectará negativamente a la coordinación, los músculos y el equilibro, lo que impedirá un manejo adecuado.
3. Al no poder echar a andar la bicicleta, pensará: «Mis padres tienen razón, soy un inútil», y confirmará su esquema de incompetencia.
4. Cuando el papá o la mamá se enteren de lo ocurrido, podrían reforzar la regla que promueve sentimientos de inseguridad: «Es que no estás hecho para esas cosas» o «Es que no es fácil», que es como decirle que ese aprendizaje es demasiado complejo para él.
5. A partir de ahí, evitará acercarse a cualquier bicicleta o a cualquier cosa que se le parezca. El resultado será menor exploración del mundo.

¿Qué haría un progenitor bien informado que quisiera fortalecer el amor propio del niño en vez de aplastarlo? En primer lugar, no rotularlo como un «inútil», que es como ponerle una lápida al cuello. Respecto a la frustración de no poder pilotear el aparato, le podría decir lo siguiente: «No te preocupes, a mí me pasó lo mismo la primera vez. Aprender a andar en dos ruedas no es tan fácil, pero tú eres capaz. Se necesitan varios ensayos. Yo te ayudaré en los próximos intentos. Tú eres un niño muy inteligente, si te empeñas de verdad y persistes, seguro que aprenderás. Es normal que te equivoques, los humanos no somos perfectos». Y la cereza del pastel: abrazo y beso.

Como veremos en el pilar 6, toda tu memoria autobiográfica está impregnada de mandatos y preceptos, algunos son verdaderos y otros mentirosos, unos te sirven y otros te perjudican. ¿La clave? Desaprender lo que no le viene bien a tu vida. Hacerlo a un lado, como si fuera un trapo sucio.

No te dejes llevar por los malentendidos: ¿te sientes culpable cuando te amas a ti mismo?

Se nos ha dicho de manera parcializada que el amor propio es sinónimo de egoísmo, narcisismo y autointerés desmedido. Es decir, si te amas a ti mismo, serás poco menos que un desastre adaptativo o un depredador en potencia. Esta «mala publicidad» se debe a que la gente que tiene un buen amor propio piensa por su cuenta, cultiva la autonomía y tiene más confianza y seguridad a la hora de tomar decisiones. No les debe gustar mucho a los que diseñan algoritmos. Cuando comprendas a fondo qué es el amor propio verdadero y qué no es, ya no te afectarán las malas interpretaciones y las confusiones que se desprendan de ellas; no habrá obstáculos.

El amor propio no es egoísmo

¡Cuando te amas a ti mismo de manera genuina, lo que realmente amas es tu humanidad, con todo lo que ello implica: virtudes y defectos, errores y aciertos, fracasos y éxitos, cobardía y valentía! En fin, amas lo que tienes en común con otros humanos.

Este proceso genera una expansión de ese amor propio a los demás, pero sin quedarte tú por fuera de la ecuación afectiva. Dirás: «Te amo y me amo, te cuido y me cuido, me preocupo por ti y me preocupo por mí, te trato bien y me trato bien». ¿Por qué deberías excluirte del amor que eres capaz de brindarle a la gente? ¿Acaso no eres persona?

También se plantea que, si te amas a ti mismo, no podrás amar a los otros puesto que ambas cosas son excluyentes. Nada más alejado de la realidad. Una definición de *egoísmo* dice: «Se entiende por egoísmo la tendencia a considerar los intereses de uno mismo por encima de los ajenos, buscando siempre la propia satisfacción aun a costa de los otros». ¡Wow! ¡Desagradable, sin lugar a duda! ¿Conoces a alguien así? Yo, a muchos, y andan por la vida como vampiros emocionales buscando a sus víctimas. Pero eso nada tiene que ver con el amor propio.

El egoísta no se ama a sí mismo, al contrario de lo que se piensa. La persona con un amor propio sano busca lo mejor para ella, lo que le hace bien y lo que le produce bienestar. Pero los egoístas, debido a sus comportamientos utilitarios e insensibles, alejan a los demás. Pierden relaciones constantemente y terminan en la paupérrima soledad. Nadie quiere a una persona codiciosa y mezquina. Si realmente se amaran a sí mismos, evitarían tener ese costo social y emocional. El amor propio persigue un equilibrio responsable: «Tú no eres más importante que yo, yo soy tan importante como tú». Democracia interpersonal y no explotación.

Erich Fromm lo aclara y lo explica:

No solo los demás, sino nosotros mismos, somos «objeto» de nuestros sentimientos y actitudes; las actitudes para los demás y para nosotros mismos, lejos de ser contradictorias, son básicamente *conjuntivas*.

Es decir: no excluyentes. Al amar la humanidad que hay en mí, reconozco la tuya. Ese es el mejor encuentro posible. El amor propio no se adueña de todo el afecto disponible, el prójimo estará siempre presente porque la construcción del «yo» es social en su origen. Decía Karl Popper, filósofo austriaco: «Somos humanos en la medida en que nos miramos en otros humanos».

En realidad, te amas porque te da la gana o porque te nace, no tienes que pedir permiso ni justificar tu elección, una elección, por lo demás, tan privada que nadie tiene por qué meterse.

Para que reflexiones

Aunque, de acuerdo con algunos maestros espirituales, parecería que sí hay algunas formas de egoísmo aceptable. El dalái lama, en una de sus conferencias, resaltó la importancia de un «egoísmo sano» de la siguiente manera: «Somos seres humanos y, por naturaleza, todos los seres sintientes son egoístas, por lo tanto, ser egoísta es válido, tener un cuidado máximo de uno mismo es correcto. Para aquellas personas que se odian a sí mismas es imposible desarrollar compasión hacia los demás. Por lo tanto, amarse a uno mismo es la base sólida, la semilla que se extenderá hacia los demás, eso es compasión. Entonces somos egoístas, pero deberíamos ser egoístas sabios, en vez de ser egoístas de una forma absurda. Una mente demasiado intolerante, limitada, extremista y con visión deficiente es autodestructiva. Esto sucede a menudo. Si nos amamos realmente, sería bueno que usáramos nuestra inteligencia de modo correcto: ¡cómo sacar el máximo interés a nuestro propio bienestar!».

Otros budistas se aproximan al tema del amor propio sin egoísmo de una manera directa y muy bien sustentada, como, por ejemplo, el lama Rinchen Gyaltsen, o como hace la venerable monja budista Dapel a los temas de la autoestima, el amor incondicional hacia los demás y hacia uno mismo.

El amor propio no es narcisismo

Quizás debido a que los que escriben hoy sobre la posmodernidad no siempre son psicólogos o psiquiatras, se ha utilizado el término *narciso* a la ligera muchas veces. Se recurre más al mito que a la psicología clínica, lo cual no está mal si somos capaces de diferenciar los niveles de análisis. Pues bien, las disciplinas del área de la salud describen el *narcisismo* como una patología y un trastorno de la personalidad. Es una enfermedad mental que tiene consecuencias negativas para quien la padece y la gente cercana al sujeto. En algunas personas no se llega a configurar un trastorno de personalidad y solo desarrollan «rasgos», los cuales también pueden ser muy preocupantes.

Un trastorno narcisista tiene las siguientes características (aplícalo a la gente que conoces y a ti mismo): un esquema de grandiosidad (se creen especiales, únicos y por encima de los demás) y tres egos entrelazados: *egocentrismo* («todo gira a mi alrededor»), *egolatría* (culto o adoración excesiva hacia uno mismo) y *egoísmo* («todo para mí y a los demás que los parta un rayo»). El narcisista no desea tanto tener amigos o amores, quiere fans. Su talón de Aquiles es la desaprobación social. Cuando el rechazo de los otros es manifiesto, se deprimen y piden ayuda profesional (si estás interesado en este tema del narcisismo, te recomiendo mi libro *Amores altamente peligrosos*).*

---

* Riso (2018). México: Planeta.

¿Cómo se puede llegar a pensar que amarse a uno mismo se parece o es un trastorno de la personalidad? Amor propio y narcisismo no son equiparables. **Tener amor propio no implica idolatrar a tu «yo» ni sentirte el centro del universo,** y si es así, no te amas: lo que haces es venerarte o rendirte culto a ti mismo.

Para que reflexiones

Y para que te quedes tranquilo, haz tuya la siguiente premisa: **no se vuelve narcisista el que quiere, sino el que puede.** Significa que, si te levantas un día y decides ser narcisista, no llegarías a convertirte en uno solo por las ganas de serlo. Por más que lo desees con todo tu corazón y el universo quiera ayudarte, no podrás ser un narcisista si no reúnes los requisitos. ¿Listo? No se salta del amor propio al narcisismo así como así. Como ya dije, la persona con amor propio ama su humanidad y la de otros, mientras que un egoísta no quiere hacerlo, y un narciso de pura cepa no puede hacerlo.

EL AMOR PROPIO NO ES AUTOINTERÉS DESMEDIDO

Diré lo obvio, que a veces no parece calar en algunas mentes rígidas: si una persona manifiesta tener autointerés, eso no implica que deba desinteresarse por los otros. Y al interesarse por los demás tampoco debe dejar de interesarse por su persona. No hay una cantidad limitada de interés en la naturaleza (recordemos que el interés es una emoción básica que ayuda a la supervivencia de la especie). Eso es una falacia.

Hoy día sabemos la importancia del autointerés en distintas áreas de la salud mental y en la pedagogía. Su presencia activa un tipo de motivación muy potente que ayuda al bienestar. Repito: interesarme por mi bienestar no excluye interesarme por los otros, sentir empatía por el dolor ajeno y congratulación por la alegría del prójimo. La norma general es «Si no me amo, no puedo dar lo que no tengo; si no me cuido, no puedo cuidar; si no me intereso por mí, no puedo interesarme por ti». Las falsas dicotomías distraen y confunden. Un silogismo mal construido recorre nuestras mentes: «Esta persona se interesa mucho por sí misma, es sospechosa de egoísmo, individualismo y narcisismo», y cuanto *-ismo* quieras agregar. Por eso, este primer pilar está orientado a que tengas **la suficiente claridad conceptual para no sentirte culpable de amarte a ti mismo y hacer a un lado los miedos irracionales publicitados por la cultura.**

Para que reflexiones

El amor empieza por casa. El autointerés es estar atento a tu ser y, sobre todo, ser fiel a ti mismo. Es pura autoconciencia preventiva. Te dejo esta reflexión de la escritora afroamericana neoyorquina Audre Lorde: «El amor propio no es egoísmo; es autoconservación y eso es un acto de supervivencia política».

¿Te animas entonces a poner en marcha tu amor propio? A veces llegamos a lo que es por el camino «de lo que no es» o lo que se conoce como *método de eliminación* o *vía negativa*. Es como si se tratara de una alcachofa, que, para llegar a su corazón, debes ir quitando las hojas. Es una manera interesante de llegar a la esencia de algo, de la misma forma que lo hace un escultor: quita, limpia, pule, y así deja salir la figura que se encuentra en el interior de la piedra o del mármol. El amor propio verdadero empieza por conocer y derrumbar o remover los mitos que hay sobre él.

PILAR 2

ACTIVA LA ACEPTACIÓN INCONDICIONAL DE TI MISMO, EL CORAZÓN DE AMOR PROPIO

El amor empieza por ti

El amor propio es una forma profunda de autoaceptación incondicional y afecto por uno mismo, independientemente de las circunstancias externas. Es decir: no solo te aceptas, también te quieres, te cuidas, estás pendiente de tus necesidades y te respetas. Te tratas con amabilidad y comprensión, como lo harías con una persona que amas, lo cual no significa que dejen de existir eventos o circunstancias en la vida que te confundan y te alejen de ti mismo. Recuerda que el amor propio hay que nutrirlo diariamente.

La aceptación incondicional de ti mismo significa que has desarrollado una actitud de aceptación total de tu persona, sin juzgarte de manera destructiva y reconociendo tanto tus fortalezas como tus debilidades. Implica, entonces, ver lo que eres, sin autoengaños ni mentiras. ¿Cómo podrías siquiera empezar una trasformación sin conocer la realidad de cómo sientes, piensas y te comportas?

Aceptar no es conformarse, sino crear un compromiso con tu mejoramiento personal y mirarte con total trasparencia, coraje y responsabilidad. Tenemos la tendencia de culpabilizar siempre a alguien de lo que nos pasa. Aquí se trata de ponerlo todo sobre la mesa. Absolutamente todo. «Esto es lo que soy, esto es lo que palpita en lo más profundo de mi existencia».

¿Qué relación tienes con tu persona? Quizás nunca te has puesto a pensar en ello, porque consideraste que los amigos y los compañeros de viaje son los otros. Pero no es así: el principal y más importante vínculo es el que estableces contigo mismo, de ahí se genera gran parte de lo que te define. El amor es de ida y vuelta, y empieza en ti: si no te soportas, no soportarás al mundo; si te produce fastidio tu propia humanidad, aborrecerás al género humano; si te tratas mal, tratarás mal a la gente; y así.

Te propongo que intentes imaginariamente lo siguiente con tu amigo o amiga del alma. Lo invitas a tu casa, destapas dos botellas de vino y sacas todas tus telarañas, los secretos más tristes, más bellos y más sórdidos. Tus vulnerabilidades, los sueños jamás contados, tus inseguridades, los temores, las conductas infantiles que no has podido dejar atrás y tu vida afectiva. Imagina que ese amigo o amiga te escucha con interés y que no te juzga, no te recrimina, no te corrige ni te subestima... Quédate con esa imagen unos segundos. Ahora, hazte dos preguntas: «En este ensayo imaginario, ¿me sentí querido o querida?», «¿Me gustó concebir siquiera que pudiera existir tal posibilidad?». Existe si tú eres tu mejor amigo.

Las veces que yo he hecho este ejercicio siento un descanso profundo. Pasar por esta situación virtual, en la cual no he tenido nada que esconder ni disimular, en la que pude ser genuino hasta la médula, genera una liviandad y un sosiego muy especiales. Es como dejar caer las máscaras y que la honestidad más cruda tome el mando. Además, al darte a conocer a otro, también lo haces con tu persona.

¿Por qué no lo intentas hacer tú solo o tú sola? ¿Por qué no te lo aplicas? Toma a tus amigos ficticios como un modelo, como una fuente de inspiración. ¿Qué hacer? ¡Invítate! Te vas a desnudar emocionalmente frente a ti mismo. Podrías empezar diciéndote algo así: «Hola, quiero hablar contigo y sacar afuera todo lo que soy, quiero que estés atento, quiero compartirte lo que nunca me he atrevido a decir en voz alta sobre mí mismo». Se trata de sacar lo bueno, lo malo y lo feo, sin analgésicos. Insisto: aceptarlo completamente, porque es lo que eres.

Autobsérvate y conócete a fondo sin evaluarte, como si te percibieras por primera vez. Si tienes miedo de lo que vas a encontrar, te pregunto: ¿cómo amar lo que desconoces, cómo llegar a ti sanamente si la actitud es de autoengaño? Te aseguro que no hay placer mayor de que empieces a navegar dentro de ti.

El amor propio es tratarte como lo harías con una persona a la que amas

Imagina que tienes un hijo de unos ocho o nueve años al cual amas con todo tu corazón. Supongamos que el niño tiene problemas de sobrepeso, no es bueno para las matemáticas ni para los deportes. Además, es un poco torpe y perezoso. No tiene casi amigos en el colegio debido a su timidez, y a veces sufre *bullying* y no sabe defenderse. Bien. Imagínate qué harías si fueras su madre o su padre. ¿Dejarías de amar a tu hijo porque no es hábil, exitoso en los deportes y no entiende matemáticas? Ni se te ocurre pensar eso, ¿verdad? No lo amas por lo que hace bien o mal, por sus habilidades o por su rendimiento, sino por quien es. Obviamente te sentirías feliz de que tu hijo o hija destaque en algo, pero más pensando en él o ella que en ti. En otras palabras: *haga lo que haga, el amor que sientes no está en juego.*

¿Lo tratarías mal, le dirías que es un inepto, un incapaz o un inútil que no sirve para nada? Ni se te pasa por la cabeza. Pues si estás de acuerdo con lo dicho hasta aquí, si no harías nada contra esa persona que amas, ¿por qué lo haces contigo? ¿Por qué es válida una aceptación incondicional para los demás cuando hay amor y para ti no?

El amor que tienes por ti mismo no debería jamás verse afectado por tus logros. Si los tienes, disfrútalos, siéntete orgulloso, deja que la satisfacción te salga hasta por las orejas, pero no hagas depender el amor propio de los resultados, no lo condiciones. Quizás me digas: «Pero no siempre me trato mal a mí mismo». ¿Qué pensarías si la madre o el padre del niño del que hablamos dijera: «No es para tanto. En realidad, solo a veces le decimos que es estúpido, incapaz o torpe»? ¡Dirías que son unos bárbaros! ¿Sufrirías si fueras ese niño? ¿Tu amor propio se vería aporreado? ¡Pues obviamente sí!

Repito. Queda claro que, si los padres lo aman realmente, ese amor no dependerá de lo que haga mal o bien. Amas lo que el otro es, y el otro es mucho más que un repertorio de conductas exitosas o fracasadas. Te preocupas por su bienestar y no por sus posibles medallas olímpicas.

Posiblemente, le conseguirías una profesora de Matemáticas, lo orientarías en los deportes, visitarías a un profesional de la nutrición, consultarías con un médico especialista sobre falta de coordinación..., en fin, no te sentarías a llorar porque el chico no es lo que esperabas. ¿Dirías «qué mala suerte tuve con este niño»? Jamás. Es tu hijo o tu hija. Y vuelvo a preguntarte y no me cansaré de hacerlo: ¿por qué no te aplicas a ti mismo todo lo anterior y estableces una relación afectiva contigo mismo, más allá de cualquier incapacidad?

Cuando te concentras de manera obsesiva en tus fallos, la mente te va asfixiando. Empiezas a construir una madeja de pensamientos negativos y a conectarlos entre sí, una y otra vez: «No sirvo para nada», «Todo lo hago mal», «Nadie me quiere», «Por eso vivo en soledad», «¡Me lo merezco por idiota!», «Me avergüenzo de ser quien soy», y así. Rumiación pura y dura. Cada vez que te irrespetas a ti mismo, dejas tu humanidad por el suelo. Cuando te tratas mal, deberías pedirte perdón. Eres la persona más cercana a ti mismo en el planeta. La palabra *prójimo* proviene del latín *proximus*, que significa «el más cercano», el «próximo». Y el más próximo a ti mismo eres tú.

A manera de resumen, el ejercicio del descentramiento que acabamos de ver consiste en revisar cómo actuamos con la gente a la que amamos y compararlo luego con el trato que nos damos a nosotros mismos. Es una forma de acercarte cada vez más a la autoaceptación incondicional. Es una práctica potente que conviene hacer de manera frecuente y, sobre todo, cada vez que dejes de tratarte con amabilidad o comiences a ser duro contigo mismo.

Amas lo que la persona es o no amas nada

Amas lo que el sujeto es, su esencia, lo que lo define como persona y le otorga identidad. Si amas lo que el otro «podría llegar a ser», estás enamorado o enamorada de una expectativa, de algo que no existe. Aplícalo a ti mismo cuando hables de autoamor. No necesitas mostrar credenciales, simplemente eres apto para el amor propio. Lo anterior no significa que, en cualquier relación, no haya cosas que pulir y mejorar. Pero suelen ser cuestiones no sustanciales si el vínculo afectivo es sólido.

Recuerdo a una pareja de jóvenes que estaban pensado en casarse. En la primera cita me dijeron que estaban esperando unos «cambios» para al fin estar juntos. Ella siempre había mostrado cierta insatisfacción con la manera de ser de su novio. Sus expectativas eran que fuera más extrovertido, más arriesgado, más ambicioso, más sexual y más fuerte (musculoso). En una consulta, estando con los dos, él me dijo: «Mire, doctor, ya no puedo más, yo la amo demasiado y haría cualquier cosa por ella, pero esto me supera. No sé cómo ser extrovertido, ni qué significa ser más arriesgado y tener un sexo fuerte». Ella intervino de inmediato: «¿Vio, doctor? ¡Le falta constancia! ¡Siempre se da por vencido! ¡Por eso dudo, por eso!». La conclusión parecía clara. La chica no estaba enamorada de su pareja o quizás lo estaba en otra vida o en otra dimensión. Los «defectos» que ella veía en él obnubilaban el supuesto amor que decía sentir. Realmente, estaba enamorada de un imaginario.

¿Qué opinas? ¿Intentarías una «conversión» semejante por amor? ¿Aceptarías el reto de intentar alcanzar esos cambios de personalidad tan complejos? Muchas veces nos exigimos tanto que nos deprimimos. Lo inalcanzable te frustra primero y te hunde después. Cuando quieres parecerte a alguien para aceptarte a ti mismo, te perviertes, te contaminas.

Toma lo que sigue como un principio y llévalo contigo siempre: no amamos a las personas porque son valiosas, las vemos valiosas porque las amamos.

Los tres principales enemigos de la aceptación incondicional de uno mismo

Los «enemigos» de los que hablo se ocultan en algún rincón de la mente, hasta que aparecen para hacerte daño. Una de las características de estos estilos malsanos es que se manifiestan de manera automática y puede que ni cuenta te des de sus efectos negativos sobre tu «yo». Así que el primer paso es sacarlos a luz, ver cómo funcionan y tenerlos en el punto de mira. Estos esquemas *antiamor propio* son la *autocrítica destructiva*, el *perfeccionismo* y la *mala comparación.*

Cada uno de ellos es punzante y pesado a la vez: cuando están juntos e intensificados sentirás que no te quieres ni tantito. El primero te arrastra a la depresión, el segundo te genera una insatisfacción generalizada y el tercero acaba con tu autoconcepto y es la madre de la envidia. No son, lo que se dice, una pera en dulce.

Todos tenemos un tirano interior que tiene varias caras, un insoportable dictador que nos da látigo y nos exige sin piedad. En realidad, es una parte de nosotros mismos que se empeña en hacernos «la vida imposible para vivir mejor» (¿habrá mayor estupidez?). Su mayor poder es que le creemos ciegamente y también le tenemos miedo, como si fuera un juez próximo a dictar sentencia. Rebelarnos de su dominio es sanar. Cuando tomas el control de tu vida, el represor se achica: así es, se achica cuando tú te agrandas.

La autocrítica destructiva

Criticarse sin compasión a uno mismo puede crear adicción. La autocrítica destructiva se focaliza en lo negativo y lo maximiza, a la vez descarta lo positivo y lo minimiza. También insulta, denigra, humilla y no reconoce excepciones a la regla. La autocrítica destructiva hace a un lado tu humanidad, la autocompasión y el autoperdón. Un paciente afirmaba: «Me he sentido muy raro esta semana. No sé explicarlo bien...». Luego de conversar un rato, le trasmití mi conclusión: «Puede parecerle raro esto que le voy a decir, pero a veces pasa que estamos tan acostumbrados a sentirnos mal, que cuando nos sentirnos bien nos sentimos raros». Acostumbrados a sufrir. A veces existe una especie de impulso a la repetición que nos lleva mecánicamente a lastimarnos. Una mujer mayor me confesaba, como si se tratara de un presagio: «Es extraño, todo va demasiado bien en mi vida; seguro que algo malo va a ocurrir». El dictador interior refuerza este culto al dolor apoyado en el peor estilo pesimista.

No puedo estar recriminándome a mí mismo un día entero y seguir como si nada pasara. ¡Qué agotamiento! Tu mente tiene un límite, aunque a veces no lo parezca. Intenta equilibrar tus autoverbalizaciones negativas. ¿Podrías considerar la posibilidad de que, de pronto, no seas tan horrible como afirmas? Date el beneficio de la duda, medita, escucha música o vete al cine. Abre un espacio en el que no seas el centro de tus ataques, aléjate de los extremos, modérate.

Uno no aprende nada bueno a través del castigo ni del autocastigo. Lo que harás es volverte experto en darle gusto al dictador interior. Cuanto te castigas a ti mismo, no solo aporreas el amor propio, te quitas años de vida. Te deshonras a ti mismo.

No hace tantos años todavía se nos decía que «la letra con sangre entra». A los malos estudiantes se los mandaba a una esquina del aula, mirando a la pared y con orejas de burro, se les pegaba en la palma de la mano con una regla porque se portaban mal en clase, y otras barbaridades. Incluso flagelarse físicamente en nombre de alguna divinidad era aún considerado «virtuoso». Cuando se exagera lo de sacar callos, cosa que yo defiendo en mis escritos sin sobredimensionar, entramos en una *cultura espartana*. Si un niño dice malas palabras, se lo sanciona, pero si declara «Soy un bruto», pasa desapercibido. El autocastigo todavía es visto en muchas culturas como una forma de autocontrol. No es extraño entonces que haya prosperado tanto la autocrítica destructiva y su complacencia: «Merezco este castigo». El amor propio es quizás el mayor factor de protección contra la depresión y la autocrítica que la acompaña.

Un ejercicio inmaterial: «Muerte al tirano cruel»

A veces, cuando siento la presencia del crítico interior, trato de quitármelo de encima de la siguiente manera. Me imagino a un hombre bajito, sentado en un enorme trono en el que los pies apenas le cuelgan, muy feo y con un bigote muy delgado, está vestido con un abrigo largo de cuero. Algo similar a Charles Chaplin en la película *El gran dictador*. Lo veo supremamente angustiado ante la posibilidad de que yo me libere de su control. Cuando empieza a sudar, hacer berrinche y moverse histérico de un lugar para el otro, creo que no puede haber nadie más ridículo en todo el universo. Y entonces me digo: «¿Cómo puedo llegar a temerle a un personaje tan patético?». En la segunda parte, fantaseo que el lugar donde se encuentra empieza a temblar y un terremoto espantoso hace que todo se derrumbe con él dentro. Eso me hace pensar que no es invencible. Este ejercicio no lleva más de diez minutos. Yo lo llamo «Pelear con el dictador»; en realidad, es rechazar su autoridad.

Algunos de mis pacientes se ven beneficiados por el cansancio productivo de «¡ya no más!». Un buen día entienden lo absurdo que resulta hacerse daño a sí mismos simplemente porque unas convenciones sociales los condicionaron. Entonces toman conciencia de lo injustos que han sido con ellos mismos.

El tirano pierde su poder cuando lo miras a los ojos fijamente y le dices con voz firme: «No más. Me cansé de hacerme daño. No merezco esto. ¡Vete a la mierda!». Y piensas para ti: «Acepto lo peor que pueda pasar», en consecuencia, ya te juzgaste, afloró tu dignidad, lo que te hace humano. ¿Sabes a qué le teme más el tirano interior? A que te aceptes de manera incondicional y te ames descaradamente.

Las personas a las que les encanta juzgar y juzgarse

Mientras te sigas juzgando, estarás en el bando de los acusados, y serás juez y parte. Cuando juzgas a los demás o te juzgas a ti mismo (cosa que no deberías hacer por cuestiones éticas y de salud), es probable que, además, cometas errores, ya que no dispones de la información completa, estás influenciado por estereotipos y prejuicios, eres víctima de noticias falsas, eres insensible al dolor que produces y al que te generas a ti mismo, entre otras cosas. No solo pierdes lucidez cuando te da por jugar a ser juez, sino que te atribuyes el derecho a condenar y autocondenarte: ¿quién te crees que eres? Buda decía: «Una mente más allá de los juicios observa y comprende». Y Buda se refería a todo el género humano, o sea, tú incluido. Repitamos: ¿quién te dio esa potestad de castigar y autocastigarte? Y digo esto porque, probablemente, como verás en el próximo apartado, el perfeccionismo esté subyacente a todo este proceder.

Hay gente que se la pasa dictando veredictos a los cuatro vientos. Juran que son especiales. Y hay otros que solo emiten dictámenes hacia sí mismos. Mi respuesta es ¡no te juzgues, ámate! Thoreau decía: «Lo que un hombre piensa de sí mismo, esto es lo que determina, o más bien indica, su destino». Te pregunto: si llevas años juzgándote, ¿de qué te ha servido? ¿No te has perdido a ti mismo? Apuesto a que ya no sabes quién eres y has creado un estereotipo de ti mismo.

Si rectificas hoy y orientas tus fuerzas para rescatar tu amor propio, en este preciso instante, redefines tu destino. Es solo un clic que grita desde adentro «¡Me cansé!». Y por esa rendija entra el desapego. Cuando dejes de criticarte despiadadamente, estarás limpiando tu mente para que el amor propio saque a relucir tu valía intrínseca, tu dignidad y tu autorrespeto.

¿Cómo es una autocrítica saludable?

Las siguientes son algunas de sus características principales:

- Se centra en encontrar soluciones y ofrecer sugerencias útiles.
- Utiliza un lenguaje que no es personal ni ofensivo.
- Incluye tanto aspectos positivos como negativos.
- Proporciona ejemplos concretos y claros de lo que se puede mejorar.
- Mantiene un tono amable, calmado y considerado.
- Muestra comprensión y apoyo.
- Reafirma la confianza en las capacidades de la persona.

Puedes hacerte tres preguntas. Lo que dicen de ti...

- ¿Es verdad?
- ¿Es útil?
- ¿Es gracioso?

> Si la respuesta a las tres es negativa, no gastes un ápice de tu energía emocional. Ignóralo y sigue con tus cosas. Si hay algún «sí», sin angustiarte ni hacer depender tu valía de una opinión, observa de qué se trata.

Cómo lograr una autocrítica constructiva

- *No ataques la totalidad de tu ser.* Ensaya, cuando te quieras criticar de manera constructiva o saludable no lo hagas con generalidades atacando tu «yo», focalízate en tus comportamientos. La terapia cognitiva ha hecho mucho hincapié en esto. Las evaluaciones globales van directas a tu valía intrínseca; soy esto o aquello. Las evaluaciones específicas se refieren a lo que hiciste: señalas una conducta, un pensamiento o una emoción que te perjudica para modificarla. Afirmar «me comporté de manera estúpida» no es lo mismo que decir «soy un estúpido». O expresar «me equivoqué» no es lo mismo que decir «soy torpe e inútil».
- *Contextualiza la autocrítica.* Cualquier autocrítica hay que contextualizarla: «Hoy me ocurrió tal o cual cosa y tuve miedo», «En este momento, pienso que tengo razón», «Debido a los acontecimientos que ocurrieron esta tarde, me vi obligado a...», «Ayer estuve triste, hoy estoy pesimista». Mira los atenuantes, las situaciones concretas, las variables que influyeron..., en fin,

todo ocurre en un lugar determinado y en un momento dado. Ir contra tu persona, saltando por encima de tu historia, tus luchas, tus sueños, no es justo para ti.

- *Revísate con cariño.* Te invito a que cambies la autocrítica insultante por una radicalmente afectuosa. Si te parece, te propongo utilizar palabras como *proponer, recomendar, aconsejar, orientar* o *sugerir*, en vez de *criticar*. No lastimes tu «yo» con tantos *debería* y mandatos impositivos como promueven las mentes rígidas. Conversa contigo mismo sin insultos. Se trata de abrazar tus fortalezas y superar tus flaquezas. Una sana autocrítica se apoya en el autoconocimiento y la posibilidad de ayudarte a ti mismo como lo haría alguien que te quiere de verdad.
- *Haz visible la autocrítica destructiva.* Consigna en un cuaderno lo que te dices, sobre todo cuando estás furioso con tu persona y te agredes. Sácalo de tu interior y dale visibilidad, y que se manifieste en un lenguaje escrito. Los pensamientos son móviles, saltarines e hiperactivos, y se nos olvidan a veces: cuando los escribes se solidifican. Como decía Buda: los pensamientos son como un grupo de monos locos que saltan de rama en rama desesperadamente. Pues, entonces, aquiétalos. Al escribirlos podrás verlos con claridad, volver sobre ellos, analizarlos, contrarrestarlos o borrarlos. Al ponerlos en el papel, los fijas, como si los esculpieras con tinta. Una vez

que los tengas identificados y «grabados» podrás hacer con ellos lo que te plazca. No podrán escaparse. No se trata de profundizar en su significado, porque quedarías otra vez atrapado en su red, sino de ver lo absurdo, lo ilógico, lo peligroso y lo inútiles que son. Te pregunto: ¿qué buscas al propinarte esos tremendos golpes de autocrítica? A veces la rumiación intenta resolver un problema para el cual no encuentras solución (verbigracia, «¿Por qué nací tan bruto?, «¿Por qué nadie me quiere?», «Por qué soy la persona más fea del mundo?», «Por qué Dios no me quiere?»). ¿Ves la falla? Das por sentado lo mismo que quieres demostrar. Definitivamente, saltar de una crítica a otra es una mala estrategia de afrontamiento y más cuando te quieres enfrentar a todos los pensamientos negativos a la vez para resolver un problema. ¿Realmente quieres destruirte? Piensa en esto de una forma seria y profunda. Si la respuesta es «no», el primer paso es hacer a un lado la autocrítica destructiva; rebélate y no le creas nada a ningún odiador de oficio.

- *Discutir con el pensamiento autodestructivo o dejarlo ir.* Casi siempre, el contenido de la autocrítica negativa no responde a una realidad más o menos objetiva, sino que es magnificada o distorsionada. ¡No puedes ser tan horrible como piensas! Deslegitima los pensamientos dañinos: confróntalos con la realidad, busca la evidencia que los sostiene y desconfía de ellos. Concédete el beneficio de la duda, siempre hay excepciones a las reglas. Por ejemplo, analicemos este precepto: «Me equivoco siempre, soy un fracasado». Dos errores. En primer lugar, es evidente que habrá cosas en las que no te equivocas, así que no generalices. En segundo lugar, afirmar «soy un fracasado» es aplicarle un rótulo a tu esencia. Cuando te catalogas y te encasillas, te cuelgas una inscripción en el cerebro que altera tu identidad. Es mejor y más sano decir: «He tenido fracasos, como cualquiera. Pero ser total y definitivamente un fiasco es imposible». Una segunda manera de afrontar la autocrítica destructiva es dejar ir los juicios negativos que te haces sin razón. Tomas uno cualquiera, lo escribes con letras gruesas en un papel, luego lo arrugas en forma de bola y a partir de ese momento lo consideras como si fuera una escultura de esa idea que te perturba. Entonces, miras el papel, respiras profundo y lo sueltas en un acto simbólico, pero muy sentido. Por ejemplo, le prendes fuego, mientras cierras los ojos e imaginas que se convierte en ceniza que se lleva el viento. También puedes hundirlo en el agua y fantasear con que se aleja y simplemente le dices «adiós». Todos estos rituales, productos de la imaginación, puedes llevarlos a cabo en el mundo real, siempre y cuando no corran peligro ni tú ni nadie. La terapia de aceptación y compromiso llama a este proceso de soltarse *defusión*. Es decir: no estar ya fusionado, pegado a determinados pensamientos o emociones y separarse de ellos. Esto implica quitarles fuerza y no rendirles pleitesía.

- *No descartes pedir ayuda profesional.* Cuando sientas que ya no tienes fuerzas y que la autocrítica negativa te destruye cada día más, asiste a un profesional de terapia cognitiva o de terapia de aceptación y compromiso. No vaciles ni sientas vergüenza. Muchas veces, la autocrítica despiadada ocurre en el contexto de una depresión y debe ser tratada a tiempo. Castigarte a ti mismo genera dos cosas: te sentirás perdido en un laberinto sin salida y llegarás a creer que mereces el maltrato. En algunas ocasiones necesitas una mano amiga que te saque de las trampas que tú mismo ayudaste a construir.

El perfeccionismo

No es cualquier enemigo de la autoaceptación incondicional, no se trata de un pensamiento, sino de un estado, un conjunto de creencias irracionales que habitan en tu cerebro y van direccionando tu vida hacia una insatisfacción sostenida. El perfeccionismo exige que seas infalible, es decir, te quita el lado humano. Su premisa es: «Uno debe ser perfecto y hacerlo todo perfectamente bien, y si no logro hacerlo, seré una persona defectuosa e incompleta». Un mandato absoluto, irracional y estricto contra tu bienestar. La puesta en práctica de esta máxima se convierte con el tiempo en una obligación casi moral: «Mi valor personal depende de que no tenga ni una mancha ni un error en mi haber». ¿Qué genera semejante imposición? Ansiedad, depresión y estrés en grandes cantidades, entre otras cosas, porque es imposible de cumplir. Si «no cometer errores» es una virtud, estaré con la soga al cuello en lo que se refiere a la autoaceptación, ya que con seguridad los cometeré. ¿Por qué seguimos tozudamente una idea que lo único que nos producirá es frustración y decepción? Creemos que lo que nos enseñaron es «Palabra de Dios».

Con esta estrategia de vida, el «no soy capaz» echa raíces y tus sentimientos de inseguridad crecerán exponencialmente. ¿Sabes por qué? Porque tu «yo» real se arrastrará por el suelo y tu «yo» ideal andará por los cielos más lejanos. Nadie aguanta semejante discrepancia.

Cuando alguien afirma «No estoy a la altura», está diciendo que no da la talla y que se encuentra por debajo de los estándares de «calidad» requeridos para ser considerado adecuado en lo que sea. De ahí a la pérdida de autoestima hay un paso. Incluso son tan absurdos los efectos del perfeccionismo que podemos llegar a dudar de nuestra normalidad por no ser perfectos. ¿Vas a dejar que eso ocurra? Lo paradójico es que aquellos que hacen del perfeccionismo su bandera viven encapsulados y muertos del

miedo de cometer errores, nada más lejos de la «perfección».

¿Te has preguntado cuál es el secreto para no equivocarse nunca? Pues yo te lo cuento: ¡no hacer nada! Petrificarse, congelarse, dejar de existir. Sentarte en una silla y cruzar los brazos a esperar que te alimenten. Con este método, no te mueres, te desgastas. Conclusión: el culto al perfeccionismo hará que tengas la creatividad de una zarigüeya.

Como yo lo pienso, no hay mayor alivio que saberse frágil y vulnerable. Identificarlo y tenerlo presente, para no representar el papel de superhéroe. ¿Cuál alivio? Poder andar con tu debilidad natural a cuestas, sin avergonzarte. Además, no tendrás que aparentar ser tan invencible y audaz como si fueras algo parecido a un psicópata. No ser estricto, sin llegar a ser laxo, te da espacio para que asome la espontaneidad que tanto escondes a veces.

La carga de los que pretenden alcanzar la perfección

Las características que componen un perfil perfeccionista son un atentado directo contra el amor propio e impiden alcanzar una vida saludable. Trata de identificar qué rasgos tienes tú de los siguientes:

- *Altos estándares.* La carga de la autoevaluación constante para alcanzar un nivel determinado en distintas tareas de la vida. El amor propio estará con una espada de Damocles la mayor parte del tiempo: si no llegas, estás fuera.

- *Atención al detalle.* La atención no es circunstancial, es obsesiva y constante. El detalle les hace perder de vista el conjunto, por eso pecan por dejar de lado muchos factores importantes para el crecimiento personal o se les dificulta el placer. El amor propio no puede desarrollarse de esta manera. Por ejemplo, si eres perfeccionista y estás en una playa hermosa, pero ves un bote abandonado o unas palmeras caídas, entonces dirás que el lugar es horrible. Sacrifican el todo por la parte. Son artistas en amargarse la vida.
- *Persistencia.* No soportan que la realidad se imponga sobre ellos. Sufren de ilusión de control. No darse por vencido fácilmente es una virtud, no darse nunca por vencido, una patología que puede destruirte fácilmente. El amor propio es capaz de reconocer la derrota sin que esto afecte a tu valoración personal.
- *Autocrítica.* Ya hemos visto los desmanes de la crítica despiadada hacia uno mismo. El perfeccionista es un maestro en hacerse daño. Una persona que se ama a sí misma toma conciencia de lo que hace bien y lo que hace mal, pero jamás se hiere a sí misma.
- *Organización y planificación.* No existe la improvisación ni la espontaneidad. La sorpresa no tiene lugar en sus vidas, porque la anticipación y el

control son los que mandan. Adoran tener todo supervisado y restringido. El amor propio necesita libertad para respirar, si se la arrebatas, se debilita, se vuelve enclenque y deslucido. No muere, se enferma.

- *Miedo al fracaso.* Cometer cualquier error puntal es para ellos la prueba concluyente de su ineficacia. Aléjate de sus premisas. El amor propio tiene claro que somos infalibles y que errar es humano.
- *Insatisfacción constante.* Un paciente me decía: «Siempre se pueden hacer mejor las cosas». Si tus padres tenían esa máxima como forma de vida, tu sensación debe de haber sido que nunca llenabas sus expectativas. Siempre faltaba algo para poder alcanzar su beneplácito, ¿verdad? Las dos premisas que te asfixiaban, y quizás aún lo hacen, son «Puedes hacer más» y «Puedes hacerlo mejor». Lo que trata de lograr una persona que realmente se ama a sí misma es la satisfacción de haber hecho algo de acuerdo con su expectativa: sentirse bien consigo mismo.
- *Dificultad para delegar.* Como atribuyen a los demás ser conformistas y descuidados, prefieren hacerse cargo de la ejecución de todo y no encomendar a nadie ninguna tarea que consideren importante. Su premisa es: «Nadie lo hará mejor que yo».

Se aprende por ensayo y error, aunque no te guste

¿Has conocido a gente perfeccionista? Es insoportable. Después de estar conversando con uno de ellos empezarás a sentir una tensión por contagio: destilan precisión, orden y vigilancia en cada gesto y en cada movimiento. Siempre están a la caza de los fallos. La desorganización los enloquece y, si no planifican, se inmovilizan. Piensa. ¿Y tú te autocriticas y lamentas por no ser así de patológico?

Para que lo tengas muy claro: ¿sabes cómo aprendiste a ser humano? Por ensayo y error. Metes la pata, la quitas y ensayas otra vez y otra vez, hasta que descubres cuál es la mejor manera de actuar para no desubicarte.

Intentar ser perfecto, aunque todos sabemos que es una estupidez, se impone como un valor cultural, que incluso se utiliza en varios programas de psicología práctica de manera solapada. No me gusta la palabra *perfeccionamiento*, me angustia. Siento que es como deslizarme por una pendiente resbaladiza. Te propongo que utilices la palabra *mejoramiento*. Sin embargo, aquí vale la pena una aclaración: si quieres ser «el mejor», sufrirás mucho porque llevarás la competencia en la sangre y en la cabeza. Todo se reducirá a ganar o a perder. Pero si quieres «ser mejor», sin el artículo *el*, fluyes y disfrutas.

Entre otras cosas: ¿cómo te figuras que es hacer el amor con un perfeccionista? Yo me lo imagino con guantes quirúrgicos, una guía ilustrada de qué pasos seguir para llegar al clímax y en una cama de hospital. Una pesadilla. El doctor Albert Ellis enunciaba que la creencia irracional del perfeccionismo es «La idea de que invariablemente existe una solución precisa, correcta y perfecta para los problemas humanos, y que si esta solución perfecta no se encuentra, sobreviene la catástrofe». Si el perfeccionismo hubiera sido la regla de la supervivencia, ya no existiría la especie humana.

La trampa del funcionamiento óptimo

¡Bienvenido al mundo de los humanos! ¡Eres falible! ¡Qué alegría desprenderse de la idea del acierto obsesivo! El funcionamiento óptimo, que predican algunas corrientes de psicología, se le devuelve al paciente como un bumerán.

¿Por qué *funcionamiento óptimo* y no un funcionamiento satisfactorio sin ser fuera de serie para uno? No digo que un piloto de avión salude a los pasajeros diciendo: «Bienvenidos a este vuelo. Les informo que tengo derecho a cometer errores, haré todo lo posible para llevarlos a feliz término, pero la certeza de que todo vaya bien no la tengo. Soy falible, y, por lo tanto, no puedo garantizar que no terminemos en caída libre. Gracias y disfruten del vuelo». No se trata de eso. Hacer las cosas lo mejor posible es entender que tenemos limitaciones y que no debemos alimentar el fatalismo conformista ni la ley del mínimo esfuerzo.

De ninguna manera significa ser irresponsables o descuidados.

Cuando te obsesiones por tu rendimiento y empieces a fustigarte, ten presente adónde quieres llegar y si tu objetivo está contaminado por la búsqueda de la perfección, haz una pausa y redefine los objetivos. La aceptación incondicional de uno mismo solo es posible cuando aceptamos sin excusas nuestra humanidad real, fortalezas más debilidades, es decir, TODO... No lo que nos gustaría que fuera, sino lo que es, el modo en que la realidad se manifiesta en ti y en el mundo, descarnadamente.

La autoexigencia irracional: un antivalor defendido por muchos

Una variación del perfeccionismo es la autoexigencia desmedida. ¿Te ha pasado alguna vez? Insistir e insistir, tratando de alcanzar una meta y resulta que, cuanto más perseveras, más te alejas. Yo lo llamo el *efecto de las arenas movedizas*: cuanto más movimiento haces para salir, más te hundes. La pregunta es, si estás atrapado en un sinsentido y tienes la posibilidad de tomar otro camino, ¿por qué sigues allí? Hablo de inteligencia emocional. ¿Vas a morir con las botas puestas o a reconocer que te equivocaste o que ya no te interesa? ¿No sabes renunciar? ¿No te deja el perfeccionismo? ¿Te dice que no debes manchar tu buen nombre?

La cultura te ha enseñado algo terrible: «No renuncies. Si lo haces, eres un pusilánime». La sabiduría en todas sus vertientes a lo largo de la historia afirma lo contrario: la sabiduría es la capacidad de discriminar cuándo seguir y cuándo detenerse, cuándo luchar y cuándo no. No es convertirse en un loco desbocado con anteojeras y una idea fija.

Piensa en un amor imposible. Mucha gente, a sabiendas de que no la quieren y de que jamás esa persona la amará, no se da por vencida. Diez, quince, veinte años, esperando un «sí» que no llega ni llegará. ¿Eso es heroísmo, bobería, coraje u obsesión? No es fácil cambiar de rumbo, pero si chocamos todo el tiempo con la misma pared, cambiar de rumbo es una muestra de sensatez y audacia. Hay que saber perder, aunque no te guste escucharlo o leerlo.

Un ejemplo. Si quisieras entrar a la fuerza aérea de cualquier país, porque es tu vocación esencial y resulta que los exámenes mostraron que eres daltónico, ¿qué harías? ¿Seguirías intentado en otras dependencias de la fuerza aérea? ¿No sería algo irresponsable pilotear un avión sabiendo el riesgo que implica tu visión? ¿No sería más inteligente sentarte a pensar con cabeza fría y revisar tu vocación de punta a punta? Dejar ir lo que podría haber sido y no fue.

Casi todo lo que vale la pena en la vida requiere esfuerzo: estudiar, levantar una familia, hacer deporte de alta competencia, el arte, el estudio, tener una pareja estable y satisfactoria, y así. También incluyo el esfuerzo de no seguir el empecinamiento de la rigidez que te tiene atrapado. *Ilusión* no es lo mismo que *ilusorio*. Si no conoces tus límites, no serás valiente, sino temerario, un extremo tan perjudicial como la cobardía. En el pilar 4, «Defiende tu amor propio y aprende a marcar límites», profundizaremos en el tema del guerrero interior y la valentía.

Para vencer el perfeccionismo

- *Comprende lo irracional del perfeccionismo.* Créeme, no exagero. Ya has leído arriba sobre la ambición de ser perfecto, ¿no te parece que hay suficientes razones para dejar la pretensión de una excelencia que solo existe en tu cabeza? Si decides meterte en el mundo del perfeccionismo, querrás que el mundo se acomode a ti y no al revés, como debería ser. Y lo peor: ¡te sentirás orgulloso de ser un obsesivo compulsivo! ¿Realmente quieres ser así? ¿No te importa que el perfeccionismo le quite color a tu vida y reduzca las emociones sanas a su mínima expresión? ¿Cómo diablos vas a desarrollar tu potencial humano y el autoconocimiento, si quieres tenerlo todo bajo control? Lo siento por ti, eres tan vulnerable y falible como cualquiera: el primer paso para aceptarse incondicionalmente a uno mismo es tirar a la basura el perfeccionismo.

- *Flexibilidad y descentramiento.* ¿No querrías ser más flexible respecto a tu autoexigencia? Si te quitaras ese peso de encima, ¿no vivirías mejor? No digo que seas desorganizado y poco precavido, sino que reconozcas la imposibilidad de eliminar el error de tu vida. ¿Le aplicarías a una persona que amas el código de la excelencia obsesiva que te aplicas a ti mismo? ¿Realmente lo harías? ¿Cómo crees que se sentiría ella si estuvieras comparándola siempre con un estándar idealizado de buen comportamiento? Respóndete a ti mismo: si sabes el dolor y la molestia existencial que produce el perfeccionismo, ¿por qué lo eliges como forma de vida? No subestimes la respuesta ni la evadas, estrújate el cerebro, a ver si la encuentras. El taoísmo sostiene que mientras la rigidez se relaciona con la muerte, la flexibilidad lo hace con la vida. Ser flexible con tu amor propio es seguir la siguiente premisa: **no te hagas a ti mismo lo que no le harías a la gente que amas.**

- *Haz contacto con tu verdadero ser, imperfecciones incluidas. Aceptarte* no es *gustarte.* Aceptar es abrazar la realidad sin distorsiones: «Esto soy»; ver lo que es y no alterarlo ni para bien ni para mal, hasta conocerlo a fondo y saber qué hacer con ello. Puede que, si te miras a un espejo de manera honesta, haya cosas de ti que no te agraden para nada. Me dirás: «¡Obvio! ¡Hay cosas que no soy capaz de aceptar! ¡Mis piernas, mi abdomen y mi cara, no los soporto!». De acuerdo, de todas formas y aunque te duela, esas piernas, esa cara y ese abdomen son los que tienes. De ahí debes partir si te interesa transformar alguna cosa. Aceptarse no es autoengañarse. De manera similar, cuando encontramos imperfecciones en nuestra manera de ser, aceptarlas es una forma de autobservación sin autoengaños ni sesgos. No me niego a mí mismo lo que en verdad pienso, no construyo un avatar ni distorsiono mi imagen o mi manera de ser. Para que lo tengas presente: **ser ignorante de uno mismo es bloquear tu mejoramiento.** La trasformación duele, grábatelo. Por eso muchos pacientes prefieren el alivio a la cura.

- *Amarse a uno mismo es un acto de valentía.* Siguiendo con lo anterior, queda claro que aceptarte incondicionalmente no es alterar los hechos para que te molesten menos. Tapar el sol con el dedo o meter la cabeza en un hueco no te ayudará para nada. La ignorancia de uno mismo es el peor de los comienzos. Veamos dos tipos de pensamientos posibles frente al tema de ser o no ser valiente en la vida, que expresan dos personas distintas: «Acepto que soy cobarde. No me gusta sentir miedo casi todo el tiempo. Pero es verdad, lo soy. Definitivamente, debo ponerle remedio a esto»; «¡No, no conozco el miedo!... Bueno, solo a veces... Como todo el mundo... Pero si yo quisiera, podría ser el más valiente de todos con solo proponérmelo». En el primer caso, la honestidad te abre las puertas del mejoramiento. En el segundo, no creces, la arrogancia te hunde. Además, intentas evitar conocer quién eres y te mientes a ti mismo. Mírate sin anestesia y te encontrarás, así te tiemble hasta el alma. Trata de acogerte plenamente, de darte la bienvenida. Cuando admito sin condiciones a mi persona, recién comienza el proceso de cambio si hubiera que hacerlo. Como veremos en el pilar 7, la evitación de la realidad enferma. Por tal razón es mejor experimentar, sentir, vivir cada parte de tu existencia interna y dejar que las imperfecciones se manifiesten para conocerte a fondo, después de todo son parte de ti. Y luego haz lo que quieras.

LA MALA COMPARACIÓN

La comparación social es un proceso cognitivo-afectivo fundamental a través del cual vamos formando nuestro «yo». En la niñez, especialmente, nuestra identidad personal se construye gracias a la comparación con los demás, y esa información nos enseña qué tan distintos somos o qué tan acoplados estamos al mundo donde crecemos. ¿Cuál es el problema entonces? **Que la comparación con los demás se ha convertido en uno de los principales métodos que utilizamos para medir nuestra valía personal.** Es como un juego perverso en el que sometemos nuestra esencia a un examen constante.

Piensa en lo que ocurre en internet. Nos bombardean todo el tiempo con cuerpos perfectos irreales, genialidades que no existen, éxitos económicos milagrosos, habilidades extraordinarias, y miles de cosas, todas inalcanzables para los que somos «normales». El resultado tiende a desalentar a los observadores más que a inspirarlos.

Un ejemplo de comparación ascendente

Veamos cómo opera la comparación que golpea nuestro «yo». Supongamos que estás tranquilo y contento, en un día soleado pescando en una bella escollera que penetra en el mar. Ya han picado algunos peces y eso te anima a seguir en la tarea. Es un buen momento, el lugar y el aire del océano te generan sosiego. Te dices a ti mismo: «¡Qué suerte! ¡Es un lujo estar aquí!». Todo es maravilloso, hasta que un pescador cerca de ti empieza a gritar emocionado: «¡Agarré algo grande, muy grande!». La gente rápidamente lo rodea y observa expectante la lucha de ese hombre para sacar el pez. Tú también te acercas a mirar, entre sorprendido y embelesado por aquel espectáculo. El pescador, yéndose para adelante y atrás, suda y se retuerce. Ahí te das cuenta de que su equipo de pesca es de última generación, el que siempre has soñado tener alguna vez. De pronto, como si se abrieran las aguas, aparece un pescado gigantesco. La gente aplaude a rabiar y toma varias fotos del hombre con el animal colgado, para que se vea su tamaño descomunal. Luego de la euforia general, todo vuelve a la normalidad... Bueno, es un decir.

Cuando regresas a tu puesto, miras los cuatro pescaditos que tienes en tu bolsa y te dejas caer en tu silla de pescador, apesadumbrado. Y piensas: «¡Qué diferencia! ¿Qué hace él que yo no sepa hacer?». Te comparas y la autoevaluación negativa es inevitable. Vuelves y te machacas: «En tantos años pescando y yo nunca logré algo así». El día deja de ser hermoso y apacible. Pusiste en práctica el arte de amargarte la vida. Un nuevo elemento se ha incrustado en tu mente: te sentiste inferior en un área en la que creías que destacabas...Y si alguien tratando de animarte te dijera «Eso fue suerte», responderías, contrariado: «¡¿Suerte?! ¡¿Y por qué yo no la tengo?!».

¿Qué le ocurrió a nuestro pescador? Fue víctima de una *comparación ascendente*, un cotejo que se lleva a cabo con personas que están en una mejor situación o que tienen habilidades superiores a las de uno. En ocasiones, puede ser motivador para el crecimiento personal, pero en la mayoría de los casos genera sentimientos de inferioridad, sobre todo si la diferencia es muy grande (verbigracia, pescaditos pequeños versus pescados gigantes). Y si esta comparación ascendente afecta a un rasgo importante de la autoestima, hará que te sientas invalidado de por vida, como si fueras un cantante con afonía crónica, un violinista con tortícolis o un pianista con artritis.

¿Te gusta compararte? A veces es una forma de competir y apostar a que uno sale ganando. Mucha gente entra al absurdo de hacer contabilidades momento a momento, según sea el resultado de la confrontación: «Soy muy bueno en lo que hago», «Soy pésimo», «¡Soy genial», «Soy un desastre», ¡y así! Agotador, ¿verdad? «Soy un ganador», «Soy un perdedor», «Ganador», «Perdedor», «Ganador», «Perdedor...», una y otra vez. Como un castigo interminable. Tú inventas el monstruo y te dejas devorar por él. No es justo con tu persona que te lastimes de ese modo.

La comparación daña tu vida

Si te dejas llevar por la similitud o la diferencia con los otros, cometerás el peor error de tu vida: pondrás tu valía personal fuera de ti, en manos ajenas. Los demás definirán cuánto vales, qué tan bello, eficiente, inteligente o exitoso eres. Cuando se dice que «eres el último juez de tu propia conducta» significa que tienes la última palabra sobre cómo te consideras, sobre qué y quién eres. Nadie más tiene cabida en esa decisión, a no ser que los dejes entrar en tu mente. Es muy difícil mantener un buen amor propio cuando dependes del qué dirán.

¿Qué pasaría si no necesitaras ningún paragón externo para definir quién eres? Pues algo extraordinario: serías libre. Cuando necesitas el permiso o la aprobación de otros para pensar, sentir y actuar, tu «yo» se resquebraja, se vuelve incompleto e inseguro, se vende. ¿Quiénes son los demás para establecer cómo y hasta dónde debes quererte? Si haces algo de manera correcta o adecuada, según tu criterio, ¿por qué te importa la opinión que la gente tiene de ti? ¿A qué le tienes miedo?

Los adolescentes pasan por una etapa de egocentrismo que se conoce como la *audiencia imaginaria*, que implica confundir los propios pensamientos con los de una audiencia hipotética, que está pendiente de ellos debido a que comparten sus preocupaciones. Sin embargo, muchos adultos no se han desligado de esta necesidad de ser el centro y andan a la caza de su audiencia imaginaria.

¿Te ha pasado que estás en una fiesta y te sientes el epicentro del lugar, ya que te ves como la persona más atractiva del planeta? Pues esta fantasía te está diciendo que dependes de la opinión de los demás para aprobarte y quererte a ti mismo. ¿Y si tuvieras a tu lado a una persona que recibe todos los halagos y tú ninguno? Te compararías hasta los huesos, ¿cierto? Te sentirías «muy por debajo». Posiblemente llegarías a la siguiente conclusión: «Es que es mejor que yo», o en su defecto podrías usar un mecanismo cognitivo defensivo: «¡Dios mío, qué mal gusto tiene la gente!».

Recuerdo esos programas de concurso que están por todo el mundo donde unos peritos y «especialistas», generalmente cantantes conocidos, deben evaluar qué tan buenos son los aspirantes para ser elegidos para una final. La comparación siempre conlleva competencia. Cuando alguien es bien evaluado por el público y los árbitros, empieza entonces una ovación masiva acompañada de palmas, en la que se repite a coro: «¡Tú sí que vales! ¡Tú sí que vales!». Lágrimas y jolgorio por doquier. Me pregunto: ¿y los que no han sido seleccionados? ¿No son valiosos? Gritar a todo pulmón «tú sí que vales», ¿no es excluyente? El canto para los no seleccionados sería algo así como «¡lo siento, pero tú sí que no vales o vales menos!». Tú eres más que saber cantar o bailar, ser un buen deportista o un buen escritor, eres un microcosmos de incontables posibilidades y siempre en plena trasformación. ¿Por qué tomas sus criterios como valederos?

Si te crees ese cuento, que es en última instancia lo que la cultura nos enseña, terminarás aceptando que el mundo es de los ganadores, y los ganadores son los que están en el top diez que eligió un grupo de «expertos». Si no tienes los pies bien asentados en la realidad y un «yo» real seguro de sí mismo, meterse en un concurso de estos es como entrar en la boca de un lobo hambriento.

El amor cura las secuelas de la mala comparación

No te sientas mal si tus preferencias no son gregarias. Que digan lo que quieran. Lo que realmente debe importarte es que puedas ejercer el *derecho al desarrollo de tu libre personalidad*, tal como explicitan las constituciones de un gran número de países. Hallar tu coherencia existencial y actuar de acuerdo con ella.

¿Alguna vez, cuando eras niño, fuiste masacrado por tus pares debido a que algún rasgo tuyo se salía de las convenciones socialmente aceptadas? ¿Tenías sobrepeso? ¿Eras muy alto o muy bajo? ¿Eras torpe en deportes? ¿Tu nariz, el tamaño de tu cabeza, el color de tu piel? Lo distinto asusta y, por lo tanto, se devalúa. Si fuiste comparado y castigado por no ser como la mayoría, por favor, no lo hagas contigo mismo. Cada vez que uno se compara con alguien y sale perdiendo, la opresión es doble porque te habrás convertido en víctima y verdugo de ti mismo. Ya sufriste lo que era ser excluido, pues no te autodiscrimines. Si tuviste algún complejo o aún lo tienes, entenderás mejor lo que estoy diciendo.

Yo tenía doce años y practicaba básquetbol. Era el más bajito del equipo y eso me acomplejaba. Lo compensaba siendo hábil con el balón, y por eso mi puesto era el de «armador». Me decían el Ratoncito, porque me escabullía en un bosque defensivo de piernas largas y no podían sacarme la pelota. Yo era el único que cuando saltaba no tocaba el tablero. En fin, lo que yo más deseaba era ser alto. Ser un gigantón.

Solía pensar: «¿Qué chica se va a fijar en mí?». A pesar de mis malos pronósticos, hubo algo que cambió mi visión del mundo. En cierta ocasión, en una fiesta de fin de año, saqué a bailar una chica y al ver su tamaño cuando se levantó, pensé «trágame tierra». No sabía cómo escaparme. Todo fue un desastre, hasta que pusieron una música suave y nos abrazamos para seguir el ritmo apaciguado de la melodía. Nos apretamos uno junto al otro. Yo casi no podía respirar, porque mi cabeza estaba metida en su pecho. En esos momentos, la estatura me importaba un pito. Su aroma era a jazmines o a madreselva, no recuerdo bien. Lo que sí tengo presente es que me enamoré al tercer baile a ritmo lento. Fue mi novia cinco años.

A ella le gustaba mi tamaño y no le molestaba salir conmigo, lo cual me hacía feliz. Solía decirme cariñosamente «osito», y una vez que le pregunté cuál era la razón de ese apodo, me respondió: «Es que eres tierno y manejable». En verdad tenía razón, yo me acomodaba en los espacios que su cuerpo me dejaba. Dos años después pegué un estirón y quedamos de igual a igual. A veces me decía al oído: «Para qué creciste, chiquito eras más sexi». Así fue como mejoré mi autoimagen: con la aceptación incondicional de alguien que me amaba. Conclusión: **cuando te aman o te amas, la comparación sobra, no la necesitas para reafirmar nada.**

Un caso para que reflexiones

Un paciente llegó a mi consulta con el siguiente motivo: «Vengo a la cita porque soy un fraude». Es como decir «soy una estafa humana o una mentira viviente». No es cualquier cosa. Mi paciente estaba cansado de tratar de caerle bien a todo el mundo. Las máscaras que utilizaba ya le pesaban. No sé si alguna vez has sentido que eres una falsificación de alguien. O peor: que de tanto representar roles distintos, ya no recuerdas cuál era tu esencia. Es una situación desesperante. El original se diluye entre las copias que has forjado de ti mismo. Todo había comenzado en la adolescencia, cuando empezó a compararse con sus amigos y, como siempre salía perdiendo, terminaba duplicando partes de la personalidad de los otros. La forma de caminar, la ideología, los chistes, la risa, los comentarios y muchas otras cosas, hasta convertirse en una especie de Frankenstein psicológico conductual. Su personalidad era una colcha de retazos y no tenía vida propia. Tras un año de terapia nada fácil, ya que debía enfrentarse a cosas que no le gustaban de sí mismo y de su familia, fue mejorando poco a poco. Luego de quitarse las máscaras, encontró lo que genuinamente le pertenecía. Se ACEPTÓ con mayúsculas. Hoy, las comparaciones insalubres y sus respectivas imitaciones quedaron atrás.

A veces, la sensación de que uno es un fraude se asocia al llamado *síndrome del impostor*, que es un fenómeno psicológico en el cual las personas, a pesar de haber logrado éxitos evidentes y tener habilidades y competencias reconocidas, atribuyen sus logros a factores externos más que al propio esfuerzo. Padecerlo desarrolla un miedo persistente a ser descubiertos. Si bien mi paciente no reunía todos estos requisitos, había momentos en que se comportaba como tal.

Cómo hacerles frente a las comparaciones

- *Elimina las comparaciones injustas.* Veamos tres ejemplos de comparaciones que sería mejor evitar:
  1. Comparación con las redes sociales. Ver las vidas idealizadas de otros tal como te las pintan, y creerlos y sentir que uno no está a la altura.
  2. Perfeccionismo. Compararse con un estándar de perfección personal que es inalcanzable, lo cual puede perpetuar un ciclo de autocrítica y desmotivación constante.
  3. Comparaciones contextuales inadecuadas. Medirse uno mismo con personas que tienen circunstancias, habilidades o recursos diferentes sin considerar las diferencias contextuales.
- ¿Qué hacer? *Pasarte a las comparaciones realistas.* Por ejemplo, compararte con personas en situaciones similares o contigo mismo en el pasado para reconocer el progreso y el crecimiento. Ni redes ni perfeccionismo y tener en cuenta los contextos. Recuerda que lo que quieres es ser más justo contigo mismo. También podrías elegir disminuir al máximo cualquier tipo de comparación. Cuanta más aceptación incondicional de ti mismo tengas, menos sentido tendrá saber «cuánto vales» por medio de la comparación. Mientras tanto, no te des tan duro.

- *No estés con personas que viven comparándose.* Habrás conocido a personas a las que les encanta compararse con todo el mundo. Suelen ser criticonas y chismosas. Por lo general, viven quejándose de lo que no tienen y les correspondería tener por alguna razón terrenal o divina. La envidia es contagiosa, así que tener amigos envidiosos puede contaminarte. Si estás rodeado de gente auténtica y sincera, todo fluye más fácil y las amistades son cómodas y confiables. Además, seguro que a tus espaldas se comparan contigo más de lo que crees, y es probable que de tanto en tanto seas foco del veneno de la envida. Si te amas, así sea una pizca, diles adiós y hasta nunca.

- *Cuidado con la moda.* Muchas personas no tienen puntos de vista propios para tomar decisiones y dirigir su propia conducta. Suelen ser un triste reflejo de lo que hacen otros, repiten lo que escuchan y hacen lo que ven hacer. Un buen ejemplo es lo que ocurre cuando las personas son adictas a la moda. Al carecer de un criterio personalizado, siguen a rajatabla las tendencias. No digo que haya que odiar la moda, lo que sugiero es no convertirse en un consumidor obsecuente, cuyo gusto particular determinan los que «saben», los algoritmos y los medios de comunicación. Si piensas que tal amigo o amiga se viste mejor que tú, ya que «está al tanto de lo que se usa», cada conversación que tengas con él o con ella te conducirá a la imitación. Pensarás que te lleva leguas de ventaja y no harás nada sin su visto bueno. Serás víctima de una comparación ascendente imaginaria, ya que en realidad has idealizado al otro. Compararte de esta manera te conducirá a la sumisión y a perder autonomía. Cuando dices: «¡Este sí sabe!», y no sabe tanto como supones, creas a un experto fuera de serie que te dirá qué comer, cómo vestirte, qué películas ver, qué libros leer y cómo vivir. Le rendirás pleitesía. Corre el riesgo de equivocarte y elige por tu cuenta. Hay cosas vitales para las que no necesitas un «guía»; es más, en ocasiones estar a los pies del maestro puede resultar un estorbo para dirigir tu propia vida.

¿Por qué tanta gente ni bien se entera de las últimas novedades, sale disparada a comprar lo que se estila? Dos razones: porque está convencida de que, si lo hace, estará «bien vestida», o debido al estatus que otorga estar «actualizado», es decir, buscar aprobación o elogios de algún tipo. Conclusión. Escucha las sugerencias si así lo quieres, pero no te sometas. Inventa tu «moda» y tira la comparación a la basura. Vístete como te dé la gana. La tendencia es puro *marketing*.

- *No te compares con los famosos.* Miremos más de cerca las comparaciones contextuales inadecuadas arriba citadas. «Es una forma cruel de sufrir», me decía una mujer que no entendía por qué razón la cantante Madonna lograba tener parejas de hombres menores y guapísimos, y ella no. Mi respuesta fue simple: «¡Es que es Madonna!». A lo cual me respondió: «Demi Moore también...», ya se imaginan mi respuesta. Un paciente hombre de mediana edad me decía con rabia que él consideraba que la mayoría de los actores exitosos del cine eran mucho más inteligentes que él. Afirmaba que se daba cuenta por cómo hablaban en las entrevistas. Un día me preguntó: «¿Por qué Dios les da tanto a unas personas y tan poco a otras?». La envidia no lo dejaba dormir. En las comparaciones superficiales siempre llevas las de perder. Habría que ver el lado humano de los ídolos que te fascinan. Te puedo asegurar que en su vida privada son como cualquiera, a veces están muy bien y otras muy mal. Muchas de las cosas que te seducen son simples «puestas en escena». Si quieres compararte de una manera más justa, no curiosees en el mundo de la *jet set*. Lo ideal es no compararse ni con famosos ni con fracasados: con los primeros te deprimes, con los segundos te agrandas más de la cuenta. Aunque lo ideal es quitarte la medición del cerebro, si vas a compararte, sigue la siguiente premisa saludable: si miras para arriba a personas sanas, inspírate en ellas y trata de mejorar (no imites), y si miras para abajo, siente compasión las veces que quieras y, de ser posible, agradece.

- *Detrás de toda comparación hay un valor o un antivalor que empuja.* El valor, como veremos en el pilar 5, define lo que para uno es importante. Una mezcla de tus ideales, tus necesidades y tus principios te orientan a destacar y buscar aquello que tu mente ansía como crucial e imprescindible, lo que anhelas. Analiza cuál es el tema que más te lleva a desear lo que otros tienen y tú no tienes. Busca esos motivos, por ejemplo, si te llama la atención el dinero que tienen los ricos y te sientes mal cuando te fijas en el que tienes tú, tu valor será la riqueza, entonces habrá que indagar por qué y de dónde procede esta necesidad. Si admiras demasiado a la gente que le hace frente al miedo y tú te sientes un cobarde, el valor es la valentía. O si te maravillas ante el estilo de vida de los millonarios y empiezas a despotricar de cómo vives, resulta obvio que el dinero será el valor que te produce ese malestar. También podría ocurrir que admires a una persona muy espiritual y te sientas motivado a salir de tu búnker terrenal. Los valores pueden estar sobredimensionados o incluso ser antivalores. Sin embargo, no los juzguemos, solo obsérvate y trata de identificar qué elemento te mueve a compararte. Y entonces, cuando profundices, te darás cuenta de las carencias que se instalaron en tu interior. Vale esta máxima: **lo que para ti es importante, no siempre es lo mejor para tu bienestar y salud mental.**

- *Piensa en esto.* Cuando estás en paz contigo mismo y tienes una buena relación con tu ser, esa tranquilidad hará que cambies el *confrontar* por el *compartir*. Ya no divides, acompañas. Ya no te mides contra nadie, sino que contribuyes al bienestar común, el tuyo incluido. La palabra «comunión» proviene del latín *communio*, que a su vez deriva de *communis*, que significa «común» o «compartido». El término *communio*, más específicamente, se refería a la participación en algo común, la asociación o la unión entre personas que comparten algo significativo. Y que, claro está, no necesitan compararse porque no compiten.

El amor propio, más allá de la autoestima

Retomando lo que mencioné antes, el amor propio puede definirse como la aceptación incondicional de uno mismo, que incluye el valor intrínseco de la persona, independientemente de sus logros o fallas. Implica un sentido profundo de respeto, compasión y conexión consigo mismo. Es un estado de ser que se basa en el reconocimiento de la propia dignidad.

Por su parte, la autoestima se relaciona más con la valoración de uno mismo en función de logros, habilidades y cómo uno se percibe en comparación con los demás. Puede fluctuar más fácilmente debido a que depende de factores externos, como el reconocimiento social, el éxito personal o el estatus. En este sentido, la autoestima puede ser más sensible a las circunstancias y menos constante. Si las experiencias son positivas, mejorarán tu autoconcepto (lo que piensas de ti), tu autoimagen (si te gustas o no) y tu autoeficacia (la confianza en ti mismo), y, si son negativas, tu autoestima empezará a tambalearse y deberás sacarla a flote.

Algunos psicólogos proponen que la «verdadera autoestima» es aquella que produce una forma de autoevaluación que no dependa de los resultados particulares ni de la aprobación. La pregunta que surge es ¿realmente existe esta «autoestima óptima» que se independiza de lo que ocurra afuera? En mi experiencia clínica, los pacientes que parecen haber logrado cierta estabilidad en la autoestima es debido a que han activado de algún modo la autoaceptación incondicional y el amor propio que blinda y sustenta el «yo». Si tomamos la definición de *autoestima* mencionada, que suele ser la aceptada por la psicología, es difícil imaginar que alguien posea una autoestima alta «permanente». La mayoría de las personas que habitan este mundo suelen tener una autoestima azarosa y pegada a los altibajos de la vida.

Poseer una autoestima fluctuante o fortuita es como si vivieras en una montaña rusa que te obliga a estar haciendo méritos todo el tiempo para no caerte. Por ejemplo, hoy metiste la pata en una reunión con amigos, y cuando llegas a tu casa empiezas a evaluarte negativamente: «¡No debería haber dicho lo que dije! ¡Soy un imbécil, ¿para qué solté lo que pensaba?».

No es mortal que te digas estas cosas por horas y horas, pero casi. Además, recuerda que hace una semana estuviste brillante, oportuno y sagaz, y hasta fuiste el centro de una reunión. ¡Qué contento estabas! Esa noche dormiste como nunca. Con lo que pasó ahora, eres incapaz de pegar el ojo.

Para colmo, tu mente empieza con un bombardeo de anticipaciones catastróficas: «Me quedaré sin amigos!», «Nadie me aguanta», «¡Llamo demasiado la atención!». Se instala la rumiación cognitiva y emocional. Tu actitud será como la del borrachito que, al otro día, además de la resaca física, tiene una pesada e interminable resaca moral: «¡Me muero de la vergüenza!». A un paciente que rehusaba dejar el trago, la mujer decidió filmarlo en plena borrachera y ni bien se despertó le puso la filmación para que se viera. La crisis del hombre fue de tal tamaño que de inmediato se fue para Alcohólicos Anónimos y aún sigue yendo de manera juiciosa dos años después.

Podrías haber encarado todo este enredo de cómo te portaste en la reunión con argumentos más amables para con tu persona, guiados por la autoaceptación incondicional y la autocompasión, sin necesidad de entrar en semejante trama autodestructiva. Si te has tratado mal, debido a que te equivocaste o hiciste algo que no te gusta, inicia las paces contigo mismo. ¿Qué no le perdonarías a una persona que amas de verdad? La premisa autoafirmativa es como sigue: «Acepto mi error sin juzgarme ni exagerar las consecuencias. Debo cambiar mi comportamiento en varios sentidos.

Me comprometo a revisar este proceder o incluso a pedir ayuda si fuera el caso». Podrías agregar que tu vida no depende de si metiste la pata o no en una fiesta. No tienes que sacar el martillo de Thor y darte en la cabeza.

De todas maneras, es claro que, si saltas al compás de las circunstancias, sin amarte a ti mismo, tus autoevaluaciones acabarán contigo. Como ya dije, «soy exitoso», «soy fracasado», «soy rico», «soy pobre», «soy lindo», «soy feo», y vuelta a empezar. En este huracán emocional, tu salud corre peligro y tu autoestima se convierte, cada vez más, en una esclava del rendimiento. ¿Qué busca la gente con esto? Una quimera: tener un punto de referencia externo que garantice poder autovalorarse de manera positiva y estable, es decir, la fuente de la «autoestima eterna». Pues el punto de referencia debe ser también y especialmente, interno: lo que eres. Bájate del pedestal: no puedes detener el movimiento de la vida y los impases que lo acompañan.

Entonces, considerando que estos altibajos en la valoración personal generan estrés, frustración, ansiedad o depresión, te pregunto: si te amaras y aceptaras incondicionalmente a ti mismo, ¿no tendrías resuelta, al menos, una buena parte del problema? ¿No irías hacia tus metas de manera más tranquila, ya que tu valía personal, la que se refiere a tu esencia, estaría a buen resguardo? Queda claro que igual te daría duro un fracaso o no obtener una meta importante para ti, pero tu amor propio nunca pondría en duda tu dignidad. Repito y ya guárdalo en tu memoria: así como no dejas de amar a un amigo o a un hijo porque no es exitoso, tampoco dejes de amarte si fracasas en algo.

La aceptación y el amor que sientes por tu persona no son negociables. «Acepto mi valía intrínseca, sin necesidad de ganármela», esa es la consigna. Ningún verdugo interior te torturará si no alcanzas la meta. Créeme, aunque es maravilloso e importante llegar a los objetivos propuestos, no vales por las medallas que te cuelgan. No te conviertes en un ser especial porque ganaste un maratón o batiste un récord, si bien la pasaste genial, disfrutaste de los aplausos, las entrevistas y el premio. Es apenas lógico que estés rebosante de alegría y, sin embargo, ese triunfo no agrega una pizca a tu valía intrínseca. Así lo entiende y así funciona el sabio.

La autoaceptación incondicional que acompaña al amor propio es similar en su funcionamiento a los derechos humanos. No los compras ni te los regalan, te pertenecen simplemente por el hecho de estar vivo y son imprescriptibles. No tienes que estar entre los «elegidos» o destacarte a más no poder para que el amor propio aparezca.

El amor propio y la autoestima son fundamentales para una buena salud mental y emocional. Y ambos se refuerzan mutuamente al fomentar una actitud positiva respecto a uno mismo. El amor propio incluye la autoestima, porque es el piso donde se apoya esta última. De esta manera, el amor propio será una red de seguridad, como la que utilizan los trapecistas cuando saltan por los aires. Guarda esta máxima y tenla a la mano: entre más amor propio, más estable es tu valoración personal.

A manera de resumen

Integrar la autoestima en el contexto del amor propio podría significar que, si bien la autoestima es valiosa y puede contribuir a cómo nos sentimos acerca de nosotros mismos, el amor propio es el fundamento que nos permite aceptar y valorar nuestras imperfecciones y logros. Una autoestima saludable puede florecer más fácil y mejor cuando se cultiva un amor propio fuerte.

A diferencia de la autoestima, el amor propio abarca una aceptación más amplia y profunda que no depende de factores externos. Aunque ambos conceptos son importantes, el amor propio ofrece una base más sólida y duradera.

PILAR 3

TRÁTATE CON AMABILIDAD
Y DATE EL GUSTO QUE MERECES

El amor propio como autocuidado

En *Ricardo III*, la gran obra de Shakespeare, en el acto V, escena III, Ricardo dice:

> Todos los crímenes diversos, todos cometidos bajo todas las formas acuden a acusarme, gritando todos: «¡Culpable, culpable...!». ¡Me desesperaré! ¡No hay criatura humana que me ame! ¡Y si muero, ningún alma tendrá piedad de mí!... ¿Y por qué habría que tenerla? ¡Si yo mismo no he tenido piedad de mí!

Aquí entre nos, ¿tu mente no se le parece a veces?

Ser cariñoso con uno mismo no es tan fácil como parece: nadie nos ha enseñado. El énfasis de todo el aprendizaje social está mucho más en el autocuidado físico que en el psicológico. Si un día notas que tu cutis se ve algo avejentado por las arrugas, se prenden las alarmas y se activa la idea salvadora: «¡Bótox!». Pero si te tratas de idiota con demasiada frecuencia, no se prende ninguna alarma, simplemente asimilas los insultos que te propinas. Más aún, es posible que te digas a ti mismo y pienses que te lo mereces.

Te preocupas por hacer ejercicio, dormir bien, cuidar tu alimentación, tener un abdomen recontraplano, la belleza, que tu pelo se vea sano, la blancura de tus dientes y el «tratamiento de sonrisa», y la lista continúa. Todo lo anterior no está mal en sí mismo, a no ser que se convierta en una adicción. Pero te pregunto: ¿y tu mente? Pensar sobre lo que pensamos de manera serena o meditar es una forma de «embellecer» y descontaminar la mente.

Tratarte con afecto no se refiere solamente a lo que debes hacer, sino también a las conductas que es mejor no ejecutar. No solo te echas protector solar, también evitas el sol. No solo es saludable aprender a relacionarte de manera adecuada con tu pareja, sino también saber discriminar qué tan tóxica es una persona antes de engancharte con ella.

Fomentar el autocuidado psicológico tampoco pretende exaltar una autocomplacencia incapacitante: se trata de prevención psicológica. Por ejemplo, si sabemos que la autocrítica destructiva es un factor que incrementa la probabilidad de tener un cuadro depresivo o mantenerlo, ¿cuál es el problema de intervenir preventivamente? ¿La gente no merece tener la información a tiempo para evitar enfermarse y alcanzar una vida más tranquila y feliz? No tengas reparos ni culpa por ser amable y cariñoso con tu humanidad. Cuando te dicen que somos pecadores empedernidos o malos por naturaleza, no te lo tomes en serio.

Yo tenía cinco años y asistía a un colegio de curas franciscanos, a quienes admiro y respeto por cómo entrelazan el sentido común con la inteligencia. Sin embargo, siempre hay excepciones. Un día peleé a golpes con un compañerito que me hacía la vida imposible. Un cura, que yo recuerdo enorme, nos separó y nos empujó a los dos para separarnos. El otro salió corriendo y yo caí sentado y me paralicé del miedo. Entonces, señalándome con el dedo, dijo: «¡No olvides que tienes un pecado original! ¡No agraves más las cosas!». No supe qué decir. Lo primero que se me vino a la cabeza es que yo estaba enfermo de algo. Ni bien llegué a mi casa corrí donde mi madre y le conté la historia. Me respondió: «Sí, él tiene razón, tú naciste con un pecado original». Cuando le pregunté qué significaba eso y me explicó que era porque Adán y Eva habían desobedecido a Dios y habían comido el fruto prohibido del árbol del bien y el mal, no lo podía creer: ¿cuál árbol?, ¿qué fruto prohibido?, ¿desobedecido a quién? Entonces respondí: «Pero, mami, yo no los conozco ni sé quiénes son esos tipos, ¿por qué me echan la culpa? ¿Entonces, cómo me quito esto?». Mi mamá, católica de línea dura e hincha furibunda de san Genaro, el patrono de Nápoles, sentenció: «No se puede quitar, lo puedes compensar portándote bien y haciéndole caso a tu mamá». Así quedó la cosa. Durante algún tiempo pensé que había nacido con una especie de mancha y que venía defectuoso de fábrica. Cuando después supe que todos cargaban con ese pecado, no me tranquilizó demasiado, igual tenía que soportar mi estigma. En la preadolescencia se le sumó otra forma de no aceptación personal: el cuerpo. No era exactamente un estigma, era algo peor. Resultó que mi fisiología era sucia, contaminante y asquerosa. Deseaba cosas que no debía y que representaban lo más animal y primitivo de mí mismo. La genética me empujaba a la curiosidad sexual, y las reglas me exigían autocontrol y la prohibición absoluta de la masturbación. Ni una cosa ni la otra. Conclusión: la solución era convertirme en un eunuco funcional (cosa que no hice).

Este ejemplo lo cito porque a muchos nos ha pasado que esas «manchas» o «impurezas» quedan adheridas a nuestro cerebro y generan una forma de pensar altamente dañina. Recuerdo a un paciente que solo tenía un apellido. El padre nunca quiso reconocerlo como hijo y llevaba el apellido de su madre. En el país latinoamericano donde yo vivía en ese momento, la gran mayoría tenía dos apellidos y tener uno solo podía indicar la ausencia de un papá. Eso, a mi paciente, lo hacía sufrir demasiado: se sentía un bastardo. En una de las citas, me dijo: «¡Usted no entiende lo que me pasa porque tiene los dos apellidos! ¡Si tuviera uno solo, sabría lo que es la discriminación!». Entonces saqué mi documento de identidad y le mostré el nombre que aparecía escrito allí: Walter Riso. No más. El hombre me dijo con voz baja: «Lo siento». A lo cual repliqué: «¿Por qué? Los italianos solo tenemos un apellido. Pero tiene razón, en muchas ocasiones me preguntan por el apellido que falta y yo respondo que solo tengo este». Pensó un rato y expresó con preocupación: «¿Qué pensará la gente?». Le contesté desde el fondo de mi alma: «¡Me importa un rábano! ¡Si fuera hijo de madre soltera, me sentiría orgulloso de que esa mujer se haya enfrentado a una cultura plagada de valores medievales! ¡Luchó por mí, me tuvo, me ama, eso es lo que pensaría!». Tuvimos más citas y al poco tiempo empezó a dejar de lado su «mancha», no a limpiarla, sino a dejarla ir. Esa sombra de una deshonra irracional que no lo dejaba brillar desapareció: ya no se trataba mal a sí mismo. Una formalidad amparada en una valoración profundamente clasista podía más que su amor propio.

No sé para qué naciste. Lo que tengo claro es que tienes dos valores que te pertenecen por el solo hecho de estar vivo, más allá de las convenciones, el qué dirán y las reglas de ser «adecuado»: tu dignidad y tu amor propio. Ambos apuntalan la autoaceptación incondicional. Ambos te dicen que para amarte a ti mismo no necesitas ninguna justificación ni pedirle permiso a nadie.

Propicia las autoverbalizaciones empáticas y realistas

SI PIENSAS BIEN DE TI, TODO IRÁ MEJOR

La mente es parlanchina, siempre habla consigo misma y no le gusta mucho el silencio interior prolongado. Pensar es su actividad y su alimento, por eso aquietarla es tan difícil y un obstáculo común para muchas prácticas psicológicas y espirituales, como la meditación y la atención plena (*mindfulness*), entre otras. Según los budistas, todos los humanos tenemos lo que llaman una *mente de mono*: inquieta, dispersa y que constantemente salta de un razonamiento a otro. Ella vive atrapada en un mundo de estímulos que trata de relacionar y entender, y no siempre puede.

Tu psiquis, entonces, se parece más a un vendaval arrasador que a un remanso de paz. Si te observas, verás que cuando estás preocupado o las cosas no van muy bien, tu mundo interior se trasforma en una guerra intestina en la que los pensamientos se atacan unos a otros. Te pregunto, si estás metido en una madeja de ideas, conceptos y opiniones que apenas te dejan respirar, ¿qué haces para resolverlo? ¿Te resignas? Y cuando esa maraña cognitiva termina atacándote, ¿tratas de modificarla o entras en el juego perverso de autocastigarte? En cierta medida eres lo que te dices a ti mismo: si piensas bien de ti, te sentirás mejor, y si piensas mal de ti, te sentirás peor.

Por ejemplo, si fueras a una entrevista de trabajo y tuvieras miedo de que no te aceptaran, ese temor empezaría a llamar a todos los pensamientos que tienen que ver con tu supuesta negligencia o incapacidad. Es probable que te digas: «Como no suelo tener buena suerte y seguro que el entrevistador será terrible conmigo, no obtendré el trabajo». Esta manera de pensar está contaminada de lo que se llama *anticipación catastrófica*: adelantarte de manera pesimista y así estar prevenido y listo para lo peor que pudiera pasar. Montaigne decía: «Mi vida ha estado llena de terribles desgracias, las cuales nunca ocurrieron». ¿Cuántas cosas que has anticipado han acontecido solo en tu imaginación? No escapes a la pregunta, intenta responder con franqueza. Para colmo, el catastrofismo produce un efecto especialmente dañino: te desmotiva. En el caso de la entrevista de admisión, es como si ya te hubieran rechazado. Irías a la cita con la cola entre las piernas.

¿Qué pasaría si tuvieras una autoverbalización adaptativa? Te prepararías de una manera más proactiva para el encuentro con el examinador. Todas tus energías y recursos estarían focalizados en el objetivo. No dispersarías tus capacidades en cuestiones secundarias.

Dirías: «No me ha ido muy bien en esto de buscar trabajo, pero no debo desanimarme. Soy un excelente aspirante, lo que me falta es relajarme más. Haré lo que pueda, pondré en ello todo mi empeño y no me trataré mal si fallo». Esta autoverbalización tiene dos aspectos interesantes y útiles:

- *Realismo: se gana y se pierde.* «Depende de mí y no de la suerte», el carácter del entrevistador tampoco se tiene en cuenta (como en la autoverbalización anterior) y te estás dando permiso para no pasar el examen.
- *Autoelogio.* «Soy un excelente aspirante».

Una pregunta para que respondas honestamente: si tuvieras una empresa, ¿te contratarías? ¿Por qué lo harías o no lo harías? Fundamenta la respuesta y escríbela. Si la respuesta es sí, anímate. Si la respuesta es no, la cuestión se complica. Suele ser muy difícil pasar un examen de admisión cuando no crees en ti mismo.

La idea no es decirte cualquier cosa positiva y «programarte» como si fueras una máquina. No es expresarte a ti mismo cosas que no son verdad, ni que no estés convencido de ellas. Tampoco es negar la realidad, es realismo crudo y duro.

DOS FORMAS DE HACERLES FRENTE
A LAS AUTOVERBALIZACIONES NEGATIVAS

Si te insultas, pídete perdón

Tratarte bien es cuidarte y hacer que las autoverbalizaciones jueguen a tu favor y no en tu contra. Por ejemplo, si tu costumbre es decirte: «Soy un pobre inútil que no sirve para nada», haz lo siguiente:

- *Pídete perdón cuando lo digas.* Podrías decirte: «Perdóname, yo sé que soy mi mejor amigo y aun así a veces se me va la mano. Intentaré cambiar». No es cualquier cosa: ¡es que te habías insultado!
- *Cambia el contenido del insulto.* Te dejo un posible remplazo amable, pero tú lo tienes que crear en cada caso: «Me estoy equivocando mucho y haciendo malas elecciones. De todas maneras, no debo desesperarme. Hay cosas que hago bien y otras mal. Estaré atento para mejorar y no castigarme».
- *Empieza a llevar un registro* cada vez que te trates mal y tengas autoverbalizaciones agresivas: qué pasó antes, qué te dijiste y qué paso después. Analiza lo que ocurre día a día, e identifica y elimina los malos tratos verbales, y remplázalos por un trato respetuoso, para nada cruel.
- Cada vez que te trates bien, *felicítate sin pudor y desvergonzadamente.*

Fílmate y grábate cuando te estés tratando mal

Cuando estés bajo un ataque de furia contigo mismo y te estés autocastigando, vuélvelo externo. Dilo en voz alta, y fílmate o grábate. Luego siéntate y míralo, escúchalo y haz de cuenta que le dices eso a una persona que amas.

Luego quítale las palabras denigrantes, vuélvelo más amigable, utiliza un tono más tranquilo y baja el volumen de la voz, no grites. Trata de establecer con claridad qué quieres decir y pule el contenido del mensaje. Supongamos que estás en un ataque de ira porque descubriste que tu marido te fue infiel. Entonces te dices: «Soy una cornuda, una pobre infeliz. Si mi esposo se buscó a otra, fue porque yo soy un desastre ¡Maldita sea!». Entonces, analicemos si le pasara esto a tu mejor amiga, ¿qué le dirías?: «¡Eres una cornuda, una pobre infeliz, tu pareja se buscó a otra porque eres un desastre!». No lo harías, ¿verdad?, a no ser que quisieras que termine en un psiquiátrico. Escúchate decirlo en voz alta con la grabación. Imagínate que alguien te dice eso mismo, que no seas tú. Observa cómo te laceras, cómo metes el dedo en la llaga y ahondas en el dolor.

Ojo, que podrías acostumbrarte a tratarte mal. Más aún, es posible que te digas: «Es lógico que me dejen, después de todo soy un desastre». Es decir: concluirás que lo tienes merecido. ¿Por qué te revictimizas? Además, utilizas un silogismo mal construido: es verdad que tu marido te engañó, pero ¿de dónde sacas que fue debido a que eres una «pobre infeliz»? Quizás él sea un mal marido o te descuidaste. Puede haber otras razones distintas a los calificativos que usas para contigo.

Y, por favor, quita lo de «¡maldita sea!». ¿A quién estás maldiciendo? Esta frase es fuerte y pareciera que estás insultado a la vida misma. También muestra la no aceptación de la realidad. Si quitas, raspas, pules y remplazas, podría quedar una autoverbalización, en la que una parte tuya le habla a la otra desde la autocompasión: «Has sido engañada. Eso duele hasta en el alma y más porque lo amas. Esto no te convierte en un ser indeseable. Deberás aprender mucho de esta experiencia y mantener en alto tu amor propio. No estás sola, te tienes a ti misma». Eso sí se lo puedes decir a una amiga.

Hablarse a uno mismo de una manera empática mejora, sin duda, la relación que mantienes con tu persona y reafirma el amor propio.

Sé honesto con tu persona, no te mientas ni te autoengañes

Tratarse bien a uno mismo no significa mentirse en cosas fundamentales para sentirse bien y hacer de eso una costumbre. Como ya dije, la aceptación y el realismo son la base y el comienzo de cualquier terapia psicológica. Tampoco hablo de las mentiras piadosas que le decimos a veces a la gente y a nosotros mismos para evitar herir los sentimientos, proteger de un daño mayor o mantener la armonía en una situación social.

Si les dices a las personas que te invitaron a comer que la comida estuvo deliciosa y no fue así, no pasa nada. No afecta a ningún principio personal (a no ser que seas discípulo directo de Kant). Pero si en la misma reunión los asistentes defienden el trabajo infantil y quieren saber lo que piensas al respecto, muy probablemente dirás que no estás de acuerdo. Aunque muchos ven las mentiras piadosas como una forma de empatía, y puede ser cierto, es importante que trates de encontrar un equilibrio que mantenga firme tu honestidad y autenticidad, tanto en las relaciones con los demás como contigo mismo. Las mentiras que abordaré y me interesan no son las pequeñas, sino aquellas profundas y vitales para tu trasformación.

Ser sincero con uno mismo es muy importante. Si te engañas, no podrás resolver lo que te molesta porque estarás construyendo una farsa. En tu interior, se establecerá una lucha que no percibes. Una parte de ti oculta los hechos y la otra pugna por sacarlos a la luz. Es cierto que muchas veces estos procesos no son conscientes, sin embargo, la confrontación interna continua.

¿Por qué nos mentimos a nosotros mismos? Generalmente, por miedo a tener que afrontar una situación personal que genera sufrimiento. La otra razón es que no tenemos una solución al problema que nos apremia y preferimos tirar la mugre bajo el tapete, mirar para otro lado o inventar una realidad paralela. ¿Te suena? Es más cómodo, ¿cierto? La mentira que te dices es un proceso de autoengaño para evitar una verdad incómoda o una situación dolorosa (en el pilar 7 profundizaré en este tema con relación a la «positividad tóxica»).

¿Cómo afecta al amor propio el autoengaño? Lo debilita, le quita nutrientes. Cada vez que te mientes, también estás diciéndote que no confías en ti, y por eso te escondes. La parte de ti más lúcida va de la mano del amor propio. Si pudiera hablar esa mente sabia, te diría algo así: «¿Por qué haces esto? ¿No ves que el amor propio se resiente con los actos de cobardía? Si no confías en ti mismo y sientes que eres incapaz de afrontar lo que ocurre, ponte a prueba, deja que tu "yo" saque callos. Tírate al ruedo, pero no me tomes por tonto, no trates de embaucarme».

Cinco ejemplos de autoengaño

A continuación, verás cinco formas de autoengaño que utiliza la gente, teniendo en cuenta que hay infinidad de ellas. Observa que algunas parecen sencillas, pero en un contexto de cambio pueden convertirse en un obstáculo significativo. Los humanos somos muy creativos y muy hábiles a la hora de mentirnos a nosotros mismos.

- *«Mañana empiezo»*. Postergas tareas importantes bajo la creencia de que realmente lo harás más tarde. Y, además, sabiendo que las volverás a postergar.
- *«Los médicos no saben nada»*. Ignoras unos síntomas físicos o psicológicos evidentes de que algo está funcionando mal, y evitas, por miedo o pereza, ir con un profesional.
- *«Mi pareja cambiará»*. Justificas permanecer en una relación tóxica con la esperanza de que la otra persona modifique su conducta para bien.
- *«No es tan malo como parece»*. Subestimas la gravedad de una situación para evitar enfrentarte a una controversia.
- *«Ya es demasiado tarde para empezar»*. Tratas de convencerte a ti mismo de que has perdido la oportunidad de hacer algo, como aprender una nueva habilidad o perseguir un sueño.

¿Qué hacer? Recuerda que detrás de una mentira que te dices, generalmente hay un miedo a no ser capaz, que utiliza el autoengaño como mecanismo de defensa. Pero esa mentira también es un indicador de lo que te sucede. Lo más importante es hacerla consciente. Pregúntate: «¿De qué escapo?», «¿Por qué escapo?», «¿Qué habilidades me faltan para ponerle cara a la situación que estoy evitando?».

Piensa en la persona que más amas: ¿le esconderías información relevante que podría servirle para alcanzar una meta esencial? Si respondes con un «sí», no la amas. O podrías tomar otro camino y ayudarla, motivarla para que lo intente, así tenga miedo. Es algo que te dignifica y reafirma tu humanidad: se llama ser fiel a uno mismo.

Date gusto y no seas tacaño con tu persona

Aunque no les guste a los amargados de siempre, mereces disfrutar sin culpa y sin excusarte. No digo que te conviertas en un adicto al placer con todas sus consecuencias negativas, sino que no consideres la restricción y la represión irracional del placer como una virtud.

Una parte de la cultura ha puesto un freno educativo al *arte de gozar la vida* porque considera riesgoso aproximarse a lo placentero, no vaya a ser que te aficiones a él. Como ya expliqué, todo lo que sea dañino para ti y para otros hay que descartarlo, pero esto no significa ver peligros donde no los hay y subestimar nuestra capacidad hedonista. El exceso puede ser tan malo para la salud mental como la represión y el autocontrol asfixiante.

¿Eres capaz de proporcionarte placer a ti mismo, sin culpa y sin arrepentirte? Por ejemplo, comprarte ropa, ir a un teatro, asistir a tu restaurante preferido, comerte un helado, viajar o salir a pasear, y demás. ¿Le das rienda suelta al autorrefuerzo o te contienes porque piensas que no es correcto? ¿Eres avaro contigo mismo?

La tacañería con uno mismo se ha convertido en costumbre para mucha gente. Esta «tacañería autodirigida» se nos cuela por todas partes. En esencia, es una falta de generosidad con uno mismo, no solo en lo económico, sino también en crear un ambiente motivacional placentero sin sentir que estás trasgrediendo alguna norma. El avaro no disfruta, no se acerca a la alegría y pierde la sensibilidad por el regocijo. Los hedonistas le producen escozor, y si pudieran, los declararían «personas no gratas o altamente peligrosas». Quizás lo aprendimos de nuestras familias o se trasmitió de generación en generación en una sociedad que considera el sacrificio como un valor y el darse gusto como una exacerbación desajustada de los sentidos. Aunque digan lo contrario, el universo es sensual y la vida también lo es.

Te pregunto: ¿de verdad te hace sentir bien no ser generoso con tu persona? ¿No te cansas de ponerte siempre en segundo lugar? Piensa: ¿los regalos que les haces a los demás son mejores que los que te haces a ti mismo? Es como si obsequiarte algo bueno y costoso fuera tirar la plata, no importa que te sea útil, que

te haga sentir bien o que te permita experimentar cosas nuevas. Es el culto al autosacrificio. Tú vales tanto como los demás. Regala y regálate, ama y ámate. Mientras no te olvides de ti, regala lo que quieras y preocúpate por el bienestar ajeno.

EL CORSÉ REPRESIVO: «QUIERO, PERO NO DEBO»

Conozco gente que cuando invita a otros a su casa, a una cena, se gasta lo que no tiene, y cuando está sola y sin visitas, se alimenta terriblemente mal. «Mi amor, le tengo unas ganas a esta botella de vino», y él contesta: «Guardémosla para cuando invitemos a alguien». ¿Por qué? ¡Si te mueres de las ganas de probarlo y está a tu libre disposición! ¿Cuál es la razón? Te condicionaron: «Mucho placer te enferma y te hace una persona superficial», «¡Cuidado!, te convertirás en una persona carente de autocontrol si decides gozar la vida». ¿Por qué es un valor apreciado meterte en un corsé de reglas, normas y mandatos que te prohíben hacer lo que te dé la gana? ¿Te has dado cuenta de que a veces frenas tu capacidad de disfrute, puesto que requieres el beneplácito, la bendición o el permiso de algún guía o asesor?

El problema se complica cuando el permiso te lo tienes que dar tú mismo. En otra situación, pongamos que tu televisor es de los más viejos y te gustaría comprar uno más moderno para ver los partidos de fútbol y las películas en HD, y por alguna razón misteriosa, no lo haces teniendo los recursos. La justificación que suelen darse a sí mismos reafirma la mezquindad en la que están metidos: «Es que el televisor viejo todavía funciona», o algo peor: «No es imprescindible ni necesario». Pero ¡te gustaría ver los colores, oír otro sonido y meterte en una imagen extraordinaria! Te enseñaron que mimarte a ti mismo es un acto que te quita fuerza interior, y es todo lo contrario.

Tengo un amigo al que veo muy de tanto en tanto porque vive en otro país y cada vez que nos encontramos se viste con el mismo saco, la misma camisa y los mismos zapatos. Su filosofía de vida es «No están rotos, para qué cambiarlos». Este razonamiento les encanta a los acumuladores y a los tacaños crónicos. Una cosa es remplazar algo porque ya no funciona o está dañado, y otra muy distinta es remplazarla porque deseo una actualización, darme un gusto o porque me da la gana. Esta segunda opción ni siquiera se les pasa por la cabeza. No la consideran válida.

Se trata de que comprendas que, así como el amor empieza por casa, la generosidad hacia ti mismo, también. Si no hay autorrefuerzo, no hay autodirección. Y sin autodirección, tu amor propio se la pasará andando en círculos. Tú diriges tu conducta, tú puedes orientar tu motivación y concretarla.

Celebra tu existencia: declara un día solo para ti

Como yo veo la cosa, cada uno de nosotros es irrepetible. Nos parecemos y podemos ser solidarios o trabajar en grupo, pero hay una individualidad que nos define, una historia particular, experiencias personales e intransferibles, imposibles de calcar entre dos personas. Hasta los gemelos monocigóticos (idénticos) criados en ambientes diferentes, aunque se parecen en ciertas cosas, tienen identidades no análogas. Tu personalidad y tu manera de sentir te particulariza, insisto, así seamos parecidos en algunas cosas.

Pues bien, lo anterior me lleva a preguntarte: ¿alguna vez tomas conciencia de tu individualidad? Es decir, ¿tomas conciencia de esas características singulares y distintivas que te definen como una persona única? Porque si lo haces, debes festejarlo, ya que el universo se regodea y tu «yo» también. Celebra cada pulsación, cada latido, cada instante de conciencia plena.

Lo que te propongo es que elijas un día al azar, por ejemplo, una vez al mes, en el que el homenajeado sea el amor propio. En cierta ocasión se lo propuse a una paciente, y me dijo: «¡Una vez por mes!» ¿No le parece un poco exagerado?». Le respondí: «¿Cuánto tiempo le dedica a los demás? Hijos, trabajo, pareja, familia directa y putativa..., en fin, obligaciones adquiridas "con los otros". ¿Tres horas diarias? ¿Cuatro? ¿Cinco? ¿Seis?». Ella se quedó pensando, como echando cuentas, y afirmó: «Más, más... En realidad, es todo el tiempo para los demás... ¿Usted me está pidiendo que haga a un lado mis responsabilidades?». Le contesté: «Sí, claro, las que no son imprescindibles. Ponga en un platillo de la balanza, de un lado, las horas en que su mente está en función de los demás, y del otro, el tiempo real que dedica a su persona. Dibújemelo, por favor». Le entregué un lápiz y un papel, y allí quedó plasmada, en una hoja, la inclinación total del fiel: un platillo en el cielo y el otro en la tierra. La bandeja donde se encontraba lo que debía hacer por la gente sustentaba todo el peso. Hablamos largo y tendido en esa cita, y al final ella misma llegó a la conclusión de que «su día especial» fuera cada quince días.

Te pregunto: ¿por qué es irresponsable que uno o dos días al mes te despreocupes por los demás y no es igualmente irresponsable no estar casi nunca disponible para ti mismo? La cultura, la moral y «las buenas costumbres» no dejan equilibrar esto de manera justa. «¡Eres un perro egoísta, individualista y narcisista, si piensas, aunque sea un día, solo en ti!». Tres *-istas* que bloquean el amor propio. Si para dedicarme a mí mismo necesito un consenso que me avale, estoy dominado o encadenado.

Lo que te recomiendo no es el culto a un individualismo irresponsable (enfatizar la importancia del individuo sobre la sociedad), sino conmemorar tu amor propio contra viento y marea. Tenerlo presente, abrazarlo, llevarlo dentro de ti con atención plena.

Te propongo un día en el que seas el centro de tu propia existencia. Por ejemplo, salir contigo mismo a un restaurante y pedir tu comida favorita, sin tener que hablar con nadie que no seas tú. Saborear, mirar, olfatear con todos tus sentidos lo que bebes y comes, sin charlas, sin celulares encendidos. O, si quieres, festejarlo leyendo un libro en tu parque preferido a la sombra de un bello árbol. Nada del otro mundo y, sin embargo, es algo imposible para ti. Ese día harás lo que quieras y no harás lo que detestas. Visto así, es un día de desintoxicación mental.

Hace cuánto que no te sientas a escuchar con tranquilidad tu música (¡tu música!), a practicar el arte del ocio, a no pensar en lo que será ni en lo que fue. Es como una meditación en piyama. Ni futuro ni pasado, ni ansiedad ni depresión. Para todo esto tendrás una compañía muy especial: tu amor propio muerto de la risa. Ese día te contemplas, te mimas, te acaricias, ves las películas que nunca puedes ver con otros. Eres el dueño absoluto de ese momento. Y una propuesta más: si sales a correr, hazlo sin meta ni horario.

Una paciente me decía: «La mejor hora del día es cuando todos duermen. Ando desnuda por la casa, tomo brandi a la una de la mañana y veo mi telenovela preferida. Prefiero dormir menos y disfrutar más». Hay un guiño de esclavitud, ¿verdad? Los esclavos de antaño solo eran personas cuando sus amos dormían. ¿Sabes lo que de veras te hace libre? No tener que justificar tus comportamientos frente a nadie, ni tener que explicarlos para que te «autoricen».

No subas al estrado para que algún juez aficionado —llámese familia, esposo o esposa, hijos, madre o padre— te increpe a responder como en la Edad Media. ¡Es tu día! Estipúlalo como ley. Vete adonde quieras. Y cuando lo hagas, tendrás una sensación muy nueva, extraña y fantástica, de encontrarte contigo mismo. Te parecerá que nunca viste cosas que ya habías visto antes. Y pese a todo, en el aquí y el ahora, puedes dejarte absorber por cada vitrina, sentarte a tomar un café (con licor, sin pedir consentimiento a nadie), mirar a la gente con ojos nuevos, cantar en voz alta en medio de la multitud..., en fin, el placer es interminable. No llames a nadie, ni a amigos ni amigas, serían una molestia y dañarían tu día personal. El ejercicio es un «yo» con «yo» radical, sin interferencias, un abrazo a ti mismo o a ti misma.

Cada vez que celebras tu existencia, tu amor propio se fortalece. Si te animas, podrías comprarte un pastel, poner una sola vela y encargarte de apagarla. ¿Por qué una sola? Porque tu amor propio es único, no envejece y siempre está disponible para ti.

La importancia del autoelogio

Si, tal como dije antes, nuestra cultura fomenta más mirar hacia afuera que hacia dentro, no es de extrañar que le demos más valor al reconocimiento externo que al propio. Te pregunto: ¿no preferirías el aplauso de un público que cae rendido a tus pies, que tu propia felicitación? Si reconocemos la importancia de la independencia emocional para la salud mental, la mejor respuesta sería un rotundo «no». Pero como no somos maestros espirituales que vivimos en una cueva en el Tíbet, la respuesta más probable es un «sí»: «Prefiero el público aplaudiéndome a rabiar». Sé honesto, ¿qué respondes?

Cuando estás convencido de que has obtenido un muy buen resultado o que lo has intentado de la mejor manera posible, saca tu listón interior, no busques medidas externas. La motivación externa te somete; la intrínseca, te libera. Por ejemplo, te cuesta mucho madrugar y hacer ejercicio. No obstante, un buen día te levantas a las cinco de la mañana, bostezando, y sales a trotar, lento y con dolores por todas partes (como la primera película de *Rocky*, cuando trata de subir las escalinatas del Museo de Arte de Filadelfia). Tropiezas, todos te rebasan como si estuvieras quieto. Al final, te demoraste un montón para un trayecto tan corto y no fuiste el gran corredor, precisamente. Lo importante es que te concentres en lo que hiciste y no en la valoración de algún estándar cualquiera. ¿Te das cuenta? ¡Te levantaste temprano! ¡Hiciste el esfuerzo! No había ningún trofeo, ninguna meta a la cual llegar. El único propósito era *intentarlo* y empezar a crear un hábito poco a poco. ¿Mereces la felicitación? ¡Por supuesto!

Un paciente me decía: «No entiendo a la gente. Yo siempre he sido superpuntual y por una vez que llego tarde, me regañan. Y a los que siempre se les hace tarde, la vez que llegan temprano los felicitan». Así es, mi paciente tenía razón. No tenemos en cuenta la historia personal de la persona cuando se da un refuerzo, sino la conducta en el ahora. Si mi paciente hubiera sido una persona no tan dependiente de la aprobación social y la comparación, no debería haberse molestado tanto. Lo difícil es separar lo que vale la pena de lo que no vale la pena. ¿Qué importa que me feliciten o no, si yo tengo mi autovaloración y esa es la que debe primar?

Empieza a practicar el autoelogio de una vez. No se trata de que te idolatres o te rindas pleitesía a ti mismo, para eso está el narcisista. No estés tan concentrado en lo negativo, quita el sesgo. De no ser así, cuando menos lo pienses tendrás una «ceguera» para lo positivo. Lo ideal es verlo todo y tener una atención holística. Hacer contacto con lo negativo sin herirte ni tratarte mal para aprender y abrazar lo positivo para disfrutarlo.

Ejemplos de autoelogio

«¡Bravo, Juan, estuviste de maravilla!», si te llamaras Juan. Decirte a ti mismo tu nombre es una forma de autoafirmación. «¡Muy bien, Alejandra, lograste hacerlo en tiempo récord!». «¡Excelente, Carlos, no te dejaste manipular!». «¡Fantástico, María, hoy no te has dejado llevar por tus autoverbalizaciones negativas!». «¡Estupendo, Pedro, fuiste de los pocos que lograron hacer el ejercicio que nos puso el profesor!». «¡Genial, Carmen, no tuviste miedo y te enfrentaste: eres más valiente de lo que crees!». «Buen trabajo, Sandra, esta vez no te equivocaste». Recuerda: autoelogio. Si estos ejemplos no te agradan, o no van con tu manera de ser, hazlos como quieras, inventa tu estilo personal de autoelogio, pero no dejes de felicitarte cuando creas que lo mereces.

Cuando te felicitas a ti mismo, tu mente y tu cuerpo —sobre todo tu cuerpo, que no deja pasar nada— te lo agradecerán. No hay duda, el aplauso interior puede llegar a ser más potente que el exterior y un autoelogio ofrece un bienestar que no genera el elogio externo. No te debe dar vergüenza felicitarte a ti mismo, porque no es «un culto al ego», sino afecto del bueno. Además, no necesitas decirlo en voz alta, es reserva de sumario, en el lugar más íntimo de tu ser.

Crea tu lugar en el mundo

De ti depende vivir en un nicho rutinario y poco inspirador o crear un ambiente motivacional que te haga sentir bien. Los humanos, en gran parte, creamos e inventamos nuestra realidad en la medida que la trasformamos. La pasividad frente a tu entorno hará que te parezcas a un hámster que da vueltas una y mil veces en una rueda.

Pregúntate qué haces para reconstruir y modificar el medio en el que vives, según tus necesidades reales. Si la respuesta es «nada» o «muy poco», preocúpate: no estás actuando como una persona que se ama a sí misma. La organización de tu hábitat y la personalización que hagas de él reflejan quién eres y a su vez te determina. En un ambiente decadente, empezarás a sentirte depresivo; en uno agradable, estarás a gusto y tu mente también; en uno frío y destemplado, las emociones empezarán a enfriarse. Si alguien te dice: «Soy un desgraciado, un desastre total», no esperes encontrar un entorno vivencial cálido.

Hay tres factores principales para hacer de donde vives un lugar amable, no importa lo grande o pequeño que sea, ni lo lujoso o humilde que sea: que te genere tranquilidad, que refleje tu historia y que te alegre. No me refiero a que seas un meditador de veinticuatro horas al día, con una sonrisa permanente y un «paz y amor» a flor de labios. Solo te sugiero que seas el arquitecto psicológico de tu entorno, que aquello que te rodee no sea producto del azar, sino de tu criterio estético y emocional hecho a conciencia. Que puedas decir: «No veo la hora de llegar a mi casa» o «Esta es mi base segura».

Puedes tener un balcón diminuto donde caben solamente unas pocas plantas, ¿y? Qué importa, si te encanta hablar con ellas, regarlas, limpiarles las hojas e incluso cantarles. Así sean dos o tres, resulta que te sientes acompañado. Para ti, no hay mejor jardín en el mundo. Tu casa es el palacio de Versalles, así tenga una habitación y tu pequeño balcón sea el parque de Versalles. Tu percepción, tu implicación en hacerlo bello para ti, es lo que te diferencia de los vecinos, que lo único que tienen en sus miniterrazas es ropa colgada y una silla raída. Y además has puesto una pequeñísima mesita color aguamarina (el color que te fascina) para tomarte una copa de vino o un té. Y allí, sentado piensas: «Una de esas macetas debería tener flores y por los barrotes del balcón podría haber una enredadera tomando forma».

Estoy seguro de que en tu mente estarás diciéndote a ti mismo: «¿Cómo voy a perder el tiempo en decorar, si no tengo un peso? ¡Qué estupidez, tengo problemas más importantes!». Mi respuesta es que no estamos hablando de un tema secundario, se trata de tu «espacio vital», es «tu lugar», que puede ser encantador y tener un efecto positivo en tu estado de ánimo o un sitio lamentable donde solo le faltan los roedores. No se necesita dinero para que hagas de tu hogar un lugar digno. Repito: la apariencia de donde vives es una muestra de cómo estás por dentro. Resulta que la vecina del segundo piso tiene una persiana de colores que ya no se usa y una casita de madera a donde vienen a comer los pájaros, que tampoco recomiendan los diseñadores. Pero ¡le importa un rábano! Le apasiona y punto.

¿No te ha pasado que entras a un lugar y dices: «¡Qué energía tan linda!». Entras en otro lugar y es como la casa del conde Drácula, solo faltan el ataúd y las telarañas. No hay amor a la vista. Y no es «decorar», es crear, es fabricar zonas donde vive lo que realmente es tuyo. Yo las llamo *zonas afectivas, refugios*. Puede ser un pequeño cuadro o un afiche, que te recuerda el día que conociste a alguien que fue muy importante para ti. Un rosario que te regaló un sacerdote que te acercó a tu Dios, o una manta que te dio tu abuela. Por donde transites hay señales de que no estás en un entorno estéril, sino repleto de historia y añoranza de la buena.

Un ambiente significativo que te describe y es sobre todo apacible. Se trata de poder crear un entorno rebosante de cariño. Un sofá mullido costoso y a la moda puede ser acogedor, pero también una almohada que tejieron manos amigas. ¿Quieres nutrir el proceso de amarte a ti mismo? Dale un terreno fértil, inventa tu lugar en el mundo y deja allí tu sello, imprímele tu estilo y el amor propio florecerá cada día con más fuerza.

Entonces, si construir «tu lugar en el mundo» te ayuda tener un vida plena y saludable y fomenta además el autoamor, ¿por qué no lo haces? ¿No lo sabías? Pues ya lo sabes. A veces son la pereza y la ley del mínimo esfuerzo. Otras es la resignación que surge de tener una baja autoeficacia: «No soy capaz de cambiar mi vida». Y también existe una especie de esquema de minusvalía, cuyo pensamiento es «Merezco sufrir» o «La felicidad no es para mí», como si hubiera un designio que determinara la imposibilidad de acceder a cualquier tipo de alegría. Pareciera que estamos frente a una forma indirecta de autocastigo que consiste en rodearte de cosas que no quieres o incluso odias.

No te resignes a un lugar que no compagina contigo. Transfórmalo y transfórmate. Recréate en el detalle que te seduce, el rincón desapercibido por todos donde te apasiona estar y en el que cada mañana despiertes con una sonrisa, al reconocer dónde amaneces.

Un caso personal

Cuando estaba estudiando Psicología, mi padre no tenía cómo ayudarme económicamente, así que me las arreglaba como podía: daba clases en un colegio nocturno, trabajaba a veces en un bar, dibujaba planos arquitectónicos; en fin, lo que pudiera hacer. Estudiaba en una provincia de Argentina, que era una ciudad universitaria, donde llegaba gente de todas partes del país y del extranjero.

En cierta ocasión, no pude pagar la pensión en la que estaba y el padre de un amigo me ayudó dejándome ocupar una habitación de una casa a medio demoler, que había quedado en pie. Era un cuarto pequeño con un baño. Todo el terreno estaba rodeado por una pared con una puerta de metal, que la aislaba de la calle. Los primeros días me los pasé sacando cascotes, aplanando el terreno y salvando un pequeño árbol que había resistido heroicamente los embates de la demolición.

Mis bienes eran una cama vieja, una estantería pequeña de dos repisas, un libro, dos pantalones y tres camisas. Aunque al principio traté de estar animado, cada vez que me acostaba al anochecer, en aquel verano, me preguntaba qué hacía yo allí. Pensaba una y otra vez: «Mereces algo mejor», y lo que imaginaba era una *suite* con *jacuzzi* en un piso alto de algún lujoso hotel o una casa con alberca.

Una noche no podía dormir, así que salí y me senté en un banquito que había encontrado entre los escombros y había limpiado lo mejor posible. El cielo estaba como nunca y debido al ozono del lugar podía ver las estrellas como si estuvieran al alcance de la mano. Y ocurrió que ahí sentado y apoyado en la pared me quedé dormido. Me desperté con los primeros rayos de sol y no podía sacarme de la cabeza la imagen de mi madre. Ella había fallecido hacía cuatro años. Y de pronto, como un fogonazo, recordé el sueño: mi madre me cruzaba el brazo sobre mi hombro, me miraba con ternura y sonreía. Después me decía en napolitano: «¿Qué haces Walter? No nos vinimos de Italia para que te dejes vencer por este lugar». Yo pensé que me iba a decir «vete de aquí, busca otra cosa». Pero no. Sin quitarme la mirada continuó: «El lugar no es feo, ni pobre ni poco digno. Tú eres el feo, el pobre y el poco digno. ¿No te gusta? Pues cámbialo, píntalo, aquí puedes poner la biblioteca, debajo del arbolito invéntate una parrilla para los asados. Perfúmalo todo...». Y siguió dándome consejos.

Entonces le hablé al aire: «Mamá, ¿qué quieres que embellezca? Es que no hay por dónde...». Y en eso, vi que el arbolito había florecido con un retoño diminuto amarillo. Corrí a echarle agua y lo entendí: el lugar donde estoy no debe ser el más extraordinario, debe ser el más bello para mí. Yo lo estaba afeando, lamentándome y victimizándome. Algún día me iría, pero, mientras tanto, debía vivirlo y no sufrirlo. Así empecé. Dos amigas y un amigo vinieron todos los días durante una semana. Me trajeron algunas cosas que les sobraban y en aquel sitio, que parecía haber sufrido un bombardeo, empecé a crear mi lugar en el mundo.

Estuve allí cinco meses, gracias a que el dueño quería que el terreno se valorizara antes de venderlo. Pinté, fumigué, colgué mi biblioteca y puse adornos en el baño. Hice un asador con dos pilas de ladrillos, una rejilla de un horno viejo y una lata debajo para poner el cabrón. Un amigo me regaló una radio de pilas y podía poner música de tanto en tanto. También me trajeron dos botellas de Cinzano para brindar cada vez que quisiera.

Tenía una novia de otra ciudad cercana que estudiaba también Psicología y a veces se quedaba conmigo a dormir. Cuando hacía mucho calor, sacábamos el colchón y nos dormíamos bajo el cielo iluminado. Colgué santuarios budistas y armé un pequeño nicho para meditar. Seguí el consejo de mi madre y aprendí a querer ese espacio. Era fiel reflejo de lo que yo era. Un lunes me llamaron de un colegio nocturno para adultos y me ofrecieron dar clase de Psicología y al poco tiempo me fui. Pero a veces pasaba por ahí y entraba un rato a desmalezar el terreno y a conversar con el arbolito, que ya era más grande.

Aprendí que enemistarme con el lugar que habitaba era enemistarme con mi persona; que propiciar la dejadez del lugar era mi dejadez; la mugre por donde transitaba era mi mugre: la tristeza era mi tristeza.

Autocompasión

Antes de que sigas con lo que estás pensando, aclararé algunas cosas. La autocompasión no significa tenerse lástima a uno mismo, ser débil, mostrar indulgencia, permisividad y condescendencia hacia nuestras acciones, y tampoco tiene nada que ver con ser narcisista o egoísta. ¿Qué es entonces? Un concepto que golpea fuerte la tradición de ser duros y despiadados con nosotros mismos. He visto en mi consulta, sobre todo hombres, echarse a reír cuando les hablo de autocompasión. Suelen decirme: «No me venga con esas filosofías "nueva era", yo lo que necesito es volverme fuerte, mil veces más fuerte». Y cuando los interrogo por el dolor que están sintiendo, responden: «¡Me lo aguanto! ¡No me importa lo que sufra!». A esto respondo con otra pregunta: «¿Y si ese sufrimiento es innecesario?». Afirman sin la menor duda: «¡Me da igual!». Algo así como el mundo de los machos o de los álienes. Cuando les explico con paciencia en qué consiste, algunos aflojan la coraza, pero otros persisten y salen despavoridos de la cita, pensando que los quiero volver «unas mujercitas», usando sus términos.

La compasión que sientes por ti mismo cuando estás mal, en los momentos de dolor y sufrimiento, es asumir que debes ser menos duro contigo mismo (como ya has visto antes). Es dejar sentada y validada tu condición de ser vulnerable y para nada óptima e inmejorable. Obviamente, la autocompasión que te prodigas ante el dolor no implica que no hagas nada más. También se necesita tener claro para saber cuándo luchar y cuándo no. Entonces, si estás sufriendo por la razón que sea, aproxímate a lo más esencial de tu persona con una actitud profundamente empática y háblate a ti mismo: «No eres perfecto, te puedes equivocar, no te lastimes».

Trata de salir de esa cárcel de lamentaciones y autocastigo, e inténtalo de nuevo. No te hundas en el

pozo de la resignación o en la autocrítica destructiva. La autocompasión busca animarte, brindarte consuelo, darte una mirada más realista y que no toques fondo, pero sobre todo dejar claro que te tienes a ti mismo.

Amar la propia humanidad

La parte que deseo rescatar, y la que me parece más importante de la autocompasión, es la aseveración budista de que todos los humanos estamos conectados y, por lo tanto, al tomar conciencia de mi humanidad, reconozco la humanidad de otros. En mi práctica clínica y en mi experiencia personal, he visto su gran poder de trasformación cuando trato este punto con mis pacientes.

Entonces vamos a la pregunta del millón: ¿qué amas de ti cuando logras amarte?, ¿en qué se afinca el amor propio? Mi respuesta es que amas aquello que tú crees que te hace humano. Es decir: la capacidad de aceptar y abrazar afectuosamente todas las facetas de ti mismo. No solo tu esencia, sino también la que compartes con los demás seres humanos. Tomar conciencia de esto es maravilloso. Ni bien empiezas a expresarte afecto a ti mismo de manera honesta y comprometida, ya no te sientes solo. La autocompasión te humaniza.

Asumir tu humanidad es asumir la de otros, imperfecta y con errores, valiente y capaz de mejorar. Es esa persona que vive y se esfuerza por seguir viviendo, que tropieza una y mil veces y se levante una y mil veces, y es capaz de persistir hasta el infinito si agreden sus principios.

Lo que sorprende es que, aunque seamos singulares y tengamos una individualidad que nos determina, poseemos una cantidad de cosas en común con la que nos conectamos.

Somos diversos y similares. Pero cuanto más nos acercamos a lo básico, más nos parecemos. Y habrá en algún lugar una molécula, un espacio infinitesimal, donde nos encontremos a nosotros mismos siendo otros y sin poder diferenciarnos. Donde todos los «amores propios» se hagan uno.

El poder del autoperdón: una experiencia personal

Una forma de limpiar el pasado es darle un cierre a todo aquello que quedó inconcluso. Una de las principales prácticas sanadoras y de crecimiento es perdonarse a uno mismo y extinguir la culpa irracional que nos mortifica. Antes de comenzar con el ejemplo que voy a ofrecer, es fundamental evaluar tres factores que nos ayudarán a aclarar los temas por discutir.

- *El autoperdón requiere de una dinámica muy compleja, porque tú eres perdonador y victimario a la vez, juez y parte*. Si siempre has sido estricto contigo mismo, es posible que no quieras darte la posibilidad de liberarte de la culpa. La lucha es entre el autocastigo y el perdón. ¿Me quiero lo suficiente y soy comprensivo conmigo mismo para otorgarme el perdón?

- Consideremos *qué no es y qué es el perdón*. El perdón no es olvidar o tener amnesia; tampoco es absolver al otro como si nunca hubiera pasado (no tenemos ese poder divino); no es otorgar clemencia porque no somos jueces; no es sentir compasión (puedes perdonar sin sentir el dolor del otro); y tampoco implica renunciar a la justicia. ¿Qué es entonces perdonar? Es no odiar, es extinguir el rencor y los deseos de venganza. Es negarse a que el resentimiento siga echando raíces en tu mente. ¿Eres capaz de no odiarte ni querer autocastigarte por ser como eres?

- A mi entender, hay al menos *cinco caminos para alcanzar el perdón: el amor* (hagas lo que hagas, estás perdonado), *la compasión* (acercarme tanto al dolor del otro que se produce en mí una trasformación hacia el perdón), *la comprensión* (considerar atenuantes y variables que la otra persona no podía manejar), *el desgaste* (cansarte de sufrir, y mandar el rencor y el odio lo más lejos posible) y *la comparación* (la humildad de reconocer que yo podría haber hecho lo mismo en su lugar).

Los antecedentes del caso: cómo empezó todo

Yo tenía siete años cuando, un día, papá me pidió que le comprara el periódico en la esquina, que ya estaba por llegar. Fui hasta el kiosco, y el señor que atendía me dijo que había que esperar media hora porque estaban atrasados. Así que eso hice: esperé sentado en la banqueta, bajo un árbol. Cuando finalmente llegó el periódico, lo recogí y me dirigí a casa.

En el camino, me encontré con un amiguito y nos pusimos a conversar un rato. Luego llegaron otros dos amigos, y hablamos sobre el partido de fútbol que jugaríamos contra el barrio rival. Al poco rato, me despedí y seguí mi camino. Al llegar al departamento, toqué el timbre y mamá me abrió la puerta con los ojos llorosos.

Le pregunté qué había pasado, y me dijo: «Trata de entenderlo, sabes cómo es». Confundido, respondí: «¿De qué estás hablando? ¿Qué pasó?». Entonces vi a mi padre en su mecedora, mirando hacia afuera. Mamá tomó el periódico y se lo llevó hasta la mecedora. Al regresar, me tomó de la mano y me llevó a la cocina. Allí, dejó escapar unas lágrimas y señaló el bote de basura.

Me agaché para abrirlo y lo que encontré aún flota en mi mente. Mis revistas de superhéroes estaban todas rotas en pedazos pequeños. Tenía diez revistas de Linterna Verde, Superman, Batman y Flash. Para mí, eran un tesoro. Le pedía dinero a toda la familia para comprarlas. No podía creerlo. Recuerdo que intentaba pegar los pedacitos, pero mi madre, con cariño, me dijo: «No, no... Ya está, se rompieron». Yo, entre lágrimas, grité: «¡No se rompieron, las rompió él!».

Ella me hizo señas para que bajara la voz y yo me fui a mi cuarto. Más tarde, cuando empecé a investigar qué había sucedido, mi madre y mi tío, que era mi padrino, me explicaron que papá estaba esperando el resultado de la quiniela, ya que no tenía dinero y la demora le hizo perder el control. A pesar de mis siete años, pensé: «Sí, lo perdió..., pero como un loco». Recuerdo que les pregunté por qué mi padre no me quería, y se quedaron en silencio. Existen heridas que son más profundas que cualquier golpe.

Papá y yo no nos hablamos durante una semana, hasta que finalmente fui yo quien cedió y le dirigí la palabra como si nada hubiera pasado. Pero en mi interior, sentía que, si al menos me hubiera dado una disculpa, todo habría sido diferente. En aquella circunstancia, llegué a pensar que tal vez él no me hablaba porque yo lo había lastimado. Por desgracia me convencí de esa idea, y de víctima pasé a sentirme victimario. Empecé a pensar: «Lo dejé mucho tiempo esperando. No debí quedarme charlando con mis amigos».

Romper mis revistas fue un acto de venganza, una acción intencional para hacerme sufrir. Jamás sería capaz de hacerles algo así a mis hijas. Con el tiempo, aunque fui creciendo, ese día nunca se borró de mi memoria, hasta que empecé a estudiar Psicología.

Ya cuando terminé la carrera, creí que todo había quedado atrás. Sin embargo, un día, durante una visita a mi padre, presencié cómo castigaba a mi hermanastro, un niño de cinco años (mi padre se había vuelto a casar después del fallecimiento de mi madre). Estábamos en un patio que daba a una huerta. Mi padre le pidió al niño que no se acercara a los sembradíos, pero el pequeño no le hizo caso y arrancó dos hermosos jitomates de la mata. Mi papá se transformó: lo golpeó y lo empezó a arrastrar por la huerta.

Corrí a detenerlo, tomándolo de los brazos. Él me miró con un gesto de angustia, como si no supiera lo que estaba haciendo. A partir de ese día, todo lo que había guardado en mi mente volvió con más fuerza y comprendí que el asunto no estaba resuelto. Fue entonces cuando decidí trabajar en ello.

El perdón como preludio del autoperdón

Mi conflicto era doble. Por un lado, pensar que mi papá no me quería porque ese día me lo demostró (rencor) versus el recuerdo de que me cuidó y mostró ser afectuoso conmigo en ciertas ocasiones (agradecimiento). Me preguntaba: «¿No será que fue un buen padre y tuvo un momento de locura?». De inmediato recordaba las veces que me había pegado.

Por otro lado, estaba la culpa de haberlo dejado esperando. Me sentía responsable. La rumiación empezó como una trituradora a funcionar en mi mente. «Si no me hubiera demorado, no habría pasado nada», o «Si no me hubiera detenido a conversar con mis amiguitos, podría haber llegado antes». Como dije, pasé de víctima a victimario. Por papá sentía rencor y lástima; y por mí, lástima y culpa.

Al intentar perdonarlo, entendí que el perdón es una decisión. Y casi siempre es un regalo que te haces a ti mismo. Para llevarlo a cabo opté por dos caminos. El camino del desgaste me llegó más fácil: me cansé de sufrir. Pensé: «Si perdono, descanso». Hice catarsis cuando al pie de su tumba le dije lo que pensaba.

También utilicé el camino de la comprensión/compasión. Busqué explicaciones y no justificaciones. Con una actitud realista, puse sobre la mesa las posibilidades: era un hombre enfermo, la guerra podría haberlo traumatizado, y también la pobreza, que produce siempre estrés y angustia. Esto me llevó a sentir una profunda compasión por lo que fue su vida.

El cierre de mi proceso de autoperdón

Quedaba claro que las explicaciones, los atenuantes y la falta de intencionalidad de mi parte aminoraban en algo la culpa, pero no era suficiente. No estaba tan conectado afectivamente conmigo mismo, así que tomé en consideración tratar de ensayar el camino del amor propio y el de la compasión. Entonces, luego de leer sobre autocompasión, decidí acercarme a mí mismo de una manera más emocional. Los argumentos racionales debían tener un sustento afectivo para llegar al fondo del problema.

Primero, aprendí a mirarme a mí mismo como si fuera mi hijo. ¿Qué no le perdonarías a un hijo? Mi respuesta fue «Los hijos nacen perdonados por sus padres». El amor propio era clave.

Segundo, me pregunté qué cosa amaba de mí mismo. Después de unas semanas, lo comprendí, cuando sentí compasión por un mendigo que pedía limosna. Es verdad que me dolía su dolor, pero había algo más: yo «entendía» su dolor con todo mi cuerpo y mi mente. ¿Por qué? Porque teníamos en común la capacidad de sufrir y pensar sobre lo que sufrimos. ¿Qué compartíamos? Nuestra humanidad. Era claro: solo si bloqueaba la esencia de mi ser, dejaría de sentir lo que sentía por ese hombre. Esto produjo una sensación de ternura hacia mí mismo y hacia todas las personas. En ese momento comprendí que debía transitar el camino del amor. Lo humano que llevamos dentro, como vimos, trae consigo muchas fortalezas y debilidades. Fue cuando me dije: «¿Por qué no asumirlo? Es legítimo sentirme mal, no lo evitaré».

Tercero, busqué la manera de hablarme a mí mismo, pero desde un enfoque más imaginativo. Decidí «visitar» a aquel niño de siete años, esa mañana, luego de que le rompieran las revistas y el corazón. Intenté ir hacia atrás, en términos psicológicos, como un ensayo de imaginación emotiva o de visualización creativa y autoguiada. Traté de ambientar el contexto a través de imágenes mentales: el barrio, el departamento, el olor a pan, la ropa que llevaba ese día, los sonidos de los vendedores callejeros, el kiosco donde fui a comprar el diario, en fin, todo lo que pude traer desde mi memoria para revivir ese momento. Me ubiqué entonces mentalmente en mi cuarto, exactamente después del suceso. Traté de reproducir mis sentimientos que, tal como dije antes, eran una mezcla de ira, decepción y dolor. Entonces evoqué la imagen de sentarme a su lado. Y le dije: «Hola, Walter». En realidad, cuando le hablaba a él, me hablaba a mí mismo. Siempre tuve en mente que ese niño era yo. Y dije: «Mira, soy tu futuro, tu protector, vengo desde lejos a ayudarte. Comprendo por lo que estás pasando. Pero me tienes a mí. Si crees que tu padre no te quiere, pues yo sí te quiero. Saca la culpa de tu corazón, porque no la tienes ¿Qué cosa tan horrible hiciste para merecer semejante castigo? No te sientas solo, yo estoy aquí y te defenderé siempre. Pero tienes que ayudarme. Baja tu nivel de autocrítica, que yo me encargo de lo otro. Verás que todo estará bien. Ya no sufras». Todo esto entre lágrimas y profundo amor por ese niño desvalido.

Cuando terminé ese diálogo virtual, abrí los ojos muy despacio y me quedé en silencio un buen rato. El resultado fue un alivio increíble y un pensamiento especialmente esclarecedor: «No estoy solo, siempre estaré conmigo». El camino del amor resultó ser el del amor propio. Ese fue el piso donde se apoyó todo lo demás. ¿Cómo no perdonar a quien se ama? No necesité más.

PILAR 4

DEFIENDE TU AMOR PROPIO
Y APRENDE A MARCAR LÍMITES

Autoconocimiento y autoafirmación

Nuestro amor propio está expuesto las veinticuatro horas. Como vimos, no puedes enclaustrarte para evitar que lo hieran, lo debiliten o lo degraden. Te encuentras enfrentado a personas e instituciones a las que les gustaría que no pudieras amarte a ti mismo, puesto que, de esta manera, serías más fácil de manipular y de doblegarte. Recuerda que cada vez que fortaleces tu amor propio, la autoaceptación incondicional se reafirma, se pega más a tus afectos.

¿Has sentido a veces que la gente pasa tus líneas rojas? ¿Realmente tienes tus límites claros? El amor propio es el escudo que custodia tus valores, creencias y emociones. Cuando te amas a ti mismo, aceptas de manera radical quién eres y cómo eres, cada átomo de tu cuerpo estará involucrado en salvaguardar tu identidad personal.

Para defender el amor propio necesitas empezar a trabajar dos condiciones importantes que acompañarán cada acto de resistencia o afrontamiento: autoconocimiento y autoafirmación.

El *autoconocimiento* implica acercarte a lo que piensas, haces y sientes con la mayor lucidez posible. Conocerte a ti mismo no es cosa fácil, pero es imprescindible para una vida plena y saludable. Implica una reflexión profunda sobre tu esencia, cómo te relacionas con el mundo y de qué manera tus pensamientos y emociones influyen en tu manea de vivir. También te permitirá reconocer tus habilidades y tus limitaciones, lo bueno para remarcar y lo malo para transformar.

Piensa que la mayor parte del tiempo andas por la vida en modo automático y muy poco en modo reflexivo. Funcionamos más de forma mecánica. No digo que seas un robot, pero te le pareces cuando andas absorbido por la seducción y las propuestas que llegan por todas partes.

Autobservarse no significa entrar en el mundo de la preocupación obsesiva para equilibrar el yo real y el yo ideal. No tienes que medir nada. No es ese el método que te conducirá a conocerte sosegada y sanamente. Mirarte a ti mismo y descubrir cómo eres, en las buenas y en las malas, significa observar para saber más de ti y no para evaluarte o criticarte. Nunca pierdas esa capacidad de asombrarte de lo que encuentras.

A partir de lo que percibes, comprendes y experimentas, cuando te sumerges en lo profundo de tu ser descubrirás un cosmos personal, al cual tienes acceso para modificar o quitar aquello que no le viene bien a tu mejoramiento personal.

El segundo es la *autoafirmación*, que implica confirmar y revalidar las propias creencias saludables y valores, especialmente cuando enfrentas situaciones en las que tu valía personal o tus principios se ven amenazados. Una vez que tengas claros cuáles son tus deseos, necesidades y valores, los respetarás. Te autoafirmas cuando empiezas a valerte por ti mismo y a ser quien eres sin miedo ni inseguridades. ¿Eres realmente tú cuando te comunicas con los demás? Pues no siempre, ¿verdad? Poner en práctica la autoafirmación es hablar y comportarte desde el centro mismo de tus convicciones. No avergonzarte de lo que dices y cómo lo dices. Poder afirmar: «Esto soy; esto siento, esto pienso», sin resquemores de ningún tipo.

No es reverenciarte a ti mismo, es asumirte con dignidad. Por ejemplo, si descubres que tienes miedo, no lo ocultes ni lo niegues, acéptalo como algo real y trata de ponerle solución. O, por el contrario, si sabes que eres una persona con habilidades sociales y tienes éxito en la conquista interpersonal, alégrate. No lo menosprecies, cualquier habilidad que poseas es algo que vale la pena mantener. Tampoco te crezcas, solo admítela en tu repertorio psicológico.

Para que reflexiones

La Real Academia Española define *autoafirmarse* de dos maneras: a) «Mostrar o reivindicar la valía o capacidad propia» y, b) «Reafirmarse en una convicción propia u opinión propia».

El filósofo Fernando Savater, en su libro *Ética como amor propio*, cita la siguiente frase, que considero una buena descripción de la autoafirmación: «Querer seguir siendo, querer ser más, querer ser de forma segura, más plena, más rica en posibilidades, más armónica y completa: ser contra la debilidad, la discordia paralizante, la impotencia y la muerte».

Ejercicio
Elabora tu propio manifiesto de autoafirmación

Te invito a que escribas una carta en la que consignes tu compromiso de autoafirmarte en cada acto de tu vida. Te dejo la que yo hice para mí como una simple referencia. Tú redacta la tuya como mejor lo creas. Una vez que lo hagas, cuélgala en alguna parte donde puedas verla para que te aproximes de tanto en tanto a ella.

Quiero vivir mi vida. Esta vida mía, privada, íntima, personal. Quiero poner a funcionar mis sueños y regirme por mis gustos, mis ideas y mis inclinaciones, respetando la individualidad de los demás y sin autodes-

truirme en ello. Me esforzaré por afirmar los valores, los sentimientos y las sensibilidades que me caracterizan. No me enredaré pensando en lo que haría si fuera otra persona, ni esperando que la mayoría valide y apruebe quien soy. Cada cosa que decida modificar o criticar en mí, lo haré con cariño, sin maltratar mi persona, sin castigarme. Tengo claro que, en el maremágnum de mi existencia, ser único e irrepetible no me otorga ni una pizca de grandiosidad. La dicha no está en llegar a ser un narcisista enfermizo, sino en poder activar mi potencial y esta exclusividad que siento cada vez que respiro. Estaré viviendo en sociedad, pero sin renunciar a mis criterios personales. Me opondré a cualquier intento de anular el derecho a ser como soy y seguir mansamente a los que intentan moldear y amaestrar mi mente. No me asustará lo diferente y no me seducirá el marketing de lo igualitario. Seré resistente ante cualquier tipo de persuasión social para que no me jale hacia donde ella quiera. Yo guiaré mi conducta, aunque se enfurezcan los controladores de siempre. Jamás negociaré la capacidad de pensar por mí mismo.

Reafirma tu dignidad

Suponte que alguien te «falta el respeto» y te trata mal. Y cuando no te hace daño, te ignora olímpicamente, lo cual en algunos casos duele más. ¿Qué te duele? Posiblemente el que no te defiendas, porque no sabes o no puedes. Te parece injusto, pero no haces nada. Sientes ira ante la injusticia, porque alguien está violando tu integridad y le importa un rábano. El *bullying* al que eres sometido por esta persona te inmoviliza. Así que la rabia también es contigo mismo y la sientes especialmente cuando activas tu diálogo interior. Vas por la vida con ese karma de sentir tu dignidad maltratada. Incluso llegas a pensar: «Si me tratan así, por algo será». Quita esa autoverbalización negativa, nada justifica que tú mismo u otros vulneren tu humanidad.

¿Qué hacer? Actuar, no reaccionar por miedo, ira o desesperación. Pensar y reflexionar sobre lo que sucede y no replicar impulsivamente. No ser pasivo ni sumiso. Sin agredir, dejar claro que no aceptarás ese maltrato y que exiges respeto. Tu meta en ese momento será dejar sentado un precedente, independiente de lo que haga la otra parte. Como veremos en este capítulo, en cada caso se deberá definir una estrategia y poner los puntos sobre las íes, pero el comienzo, el inicio de todo, es no resignarse al maltrato y actuar en defensa propia. Que tu máxima sea «Ser digno sobre todas las cosas».

Cada vez que este supuesto sujeto te moleste y mires para abajo, será un golpe para tu amor propio y no lo puedes permitir. En la mayoría de los casos, las personas que molestan a otras son cobardes, y más se empecinan en molestar cuando más se somete el damnificado. No te quedes de brazos cruzados y en silencio: responde o protesta. Ten en cuenta que la sumisión es una manera de consentir y aprobar lo que te están provocando. Además, piénsalo por un segundo, estamos hablando de algo fundamental: nada menos ni nada más que de tu valía personal y tu amor propio.

Aquí tienes un significado del concepto de «dignidad» para que lo tomes como guía, tradúcelo a tus palabras y guárdalo en tu memoria operativa para tenerlo a mano.

La dignidad se refiere a un valor inherente o intrínseco de cada persona y al respeto que merece cada individuo por el hecho de ser humano. Este valor es absoluto, es decir, no depende ni está condicionado por factores externos. La dignidad también está considerada como un derecho que busca garantizar y proteger los derechos humanos en todas las circunstancias.

Un caso personal

Yo tenía once años y estaba en el último año de primaria. Un compañero tenía hacia mi persona una especie de manía sádica, que con el tiempo se hizo insoportable. El hecho ocurría en el recreo. Los niños gritaban, algunos jugaban al fútbol y otros corrían incansables por todas partes. En ese bullicio, él lograba tomarme de los brazos y me arrastraba a una zona donde había arbustos y árboles, me obligaba a acostarme en el piso bocarriba y se subía en mí. Era un muchacho muy grande para su edad, rubio, muy pecoso y de pelo corto, como si fuera un marino de las películas de acción.

Entonces me agarraba las dos orejas y me las estiraba hacia afuera de tal manera que me producía una pequeña cortada en la parte inferior de cada lóbulo. Otras veces me retorcía los oídos o me pegaba cachetadas sobre ellos. Su fijación por mis orejas nunca la entendí. Y no era capaz de acusarlo, porque en aquella época ser soplón era la peor de las faltas entre los niños. Nadie se animaba a defenderme de él porque le tenían pavor. Una tarde, al salir del colegio, me fui caminando con un amiguito que siempre se había destacado por su inteligencia y me dio un consejo: «Si yo estuviera en tu lugar, no se la pondría fácil, gritaría, pediría auxilio y lo expondría. Nadie te va a criticar por pedir auxilio o defenderte contra ese monstruo». Yo tenía mucho miedo a que, si hacía algo así, parecería un cobarde, sin embargo, sabiendo el tamaño de mi oponente, era posible que lo comprendieran.

Así que, en un recreo, él se enfiló hacia mí y yo, al verlo desde lejos, empecé a correr y gritar: «¡Socorro, auxilio! ¡Me va a matar! ¡Está loco! ¡Está loco!». Las otras veces el temor me inmovilizaba y me invadía una especie de tristeza. Ahora la cosa era distinta, sentía una extraña mezcla de rabia y satisfacción por desenmascararlo y hacer pública mi pesadilla. Grité sin parar hasta quedarme afónico y corrí dando vueltas por todas partes. Al ver que los demás dejaban de jugar y miraban atónitos lo que ocurría, mi torturador se detuvo. A la semana pasó lo mismo. Él queriendo agarrarme y yo corriendo y gritando, pero fue la última vez. Me di cuenta de que mi preocupación real no eran los cortes, sino que yo no hiciera nada. Eso me dolía más. No sabía que tenía dignidad, pero ella se activó sola. Llegó desde lo más hondo de mi ser y se manifestó con un rotundo «¡No más! ¡Me cansé de que me maltraten!». Lo comprendí con claridad unos años después.

Tres principios para entender el irrespeto y hacerle frente

PRINCIPIO 1. IRRESPETAR ES NO ESCUCHAR AL OTRO CON ATENCIÓN

Cuando alguien no te presta atención, es muy probable que considere que no tienes nada que valga la pena escuchar. Entonces, ¿qué diablos haces ahí? ¿Por qué no te presta atención? Tres razones: le interesa un comino lo que dices, subestima tus conocimientos o el egocentrismo no le deja habilitar un sistema de atención despierta. Si no te escuchan cuando hablas, no sigas hablando, cállate. O haz como hacían los antiguos sabios griegos: vete a otra parte y sigue hablando solo, conversa contigo mismo, pero no te quedes suplicando consideración e interés hacia tu persona. Ten siempre presente esta máxima: uno no debe estar donde no lo quieren.

Es que, además, es imposible no darse cuenta de que la persona a quien le hablas está pensando en otra cosa. He visto muchas veces a gente que muestra admiración a una persona «importante» (verbigracia, escritor, cantante, actriz o actor, científico) y se le acerca para hablar con ella o sacarse una foto, y el famoso se limita a sonreír y a saludar a otros que pasan por allí, mientras el admirador se desvive en elogios. Apenas lo miran, no oyen más que el latir de su ego. ¿Qué te pasa, por qué sigues allí? ¿Acaso no te das cuenta de que ese personaje, por muy especial que sea, te menoscaba? ¿Por qué en ese escaso tiempo el «importante» no te presta la atención debida, seria y respetuosamente? Porque no te considera «un otro válido», los prejuicios le nublan la mente, y cree que es mejor y superior.

Tenía una amiga que solía vivir enfrascada en ella misma. Cuando conversábamos, yo me sentía incómodo porque me daba cuenta de que mostraba expresiones para hacerme creer que estaba escuchando lo que yo decía. Levantaba las cejas, sonreía, asentía, movía las manos, pero todo eso lo hacía mecánicamente. En una ocasión, no recuerdo de qué charlábamos, y al ver que su mente divagaba vaya a saber en qué, le dije lo siguiente: «Hace poco jugué en un mundial de fútbol y metí dos goles de media cancha y tres goles olímpicos, y me coronaron el rey del África». Luego de manifestar ese sinsentido me quedé callado, ella volvió a la realidad me sonrió con ternura y me dijo: «Qué bien, qué bien». Resulta paradójico que la gente egocéntrica carezca de introspección, aunque esté todo el tiempo pensando en sí misma. Nunca reconoció su desatención a los demás.

La buena comunicación es de ida y vuelta: nos prestamos atención mutuamente, viajas hacia mi mente y yo te abro la puerta, viajo hacia tu mente y espero que hagas lo mismo. El desinterés mata el amor, la amistad y cualquier tipo de relación. Es inaceptable estar con alguien, sea familiar o no, al que no le duela tu dolor, que no le preocupen tus preocupaciones y que le importe un rábano tu alegría. No permanezcas un minuto más allí, corre lo más lejos que puedas de esa persona.

PRINCIPIO 2. IRRESPETAR ES NO DEJAR QUE EL OTRO SE MANIFIESTE COMO QUIERE SER

Si le pones un tapón psicológico a una persona, reprimiéndola cada vez que quiere ser como es, la empujas lentamente hacia la depresión y le quitas fuerza vital. Cuando respetas la autonomía, allí aparece la esencia del otro y se manifiesta como algo que florece. El biólogo Fernando Maturana decía que «amar es dejar aparecer». Si te pongo trabas, te esclavizo emocionalmente. Si te pongo condiciones para existir, te torturo.

Muchos padres sofocan tanto a sus hijos con la exigencia de infinidad de valores y virtudes, que los niños terminan rechazándolos. Nadie niega que educar en valores es positivo y necesario, pero volverlo una disciplina obsesiva en la que no puedes salirte un milímetro de lo establecido y, que además, se te prohíbe pensar por tu cuenta es acabar con el desarrollo de la libre personalidad.

Dejar «aparecer el verdadero yo» fue la labor que Sócrates ejercía. Llevar a las personas a la más profunda contradicción, para que se manifestara su alma (psiquis) tal como era. ¿Sabes que en tu interior habita la posibilidad de una sabiduría que ni sueñas? Desprogramarse, desaprender, quitarse del cerebro tanta basura que nos han enseñado, es la nueva revolución.

Si no te dejo ser como eres, no solo te irrespeto, te secuestro. Te obligo a vivir una farsa. ¿Habrá tortura mayor? Desperdiciar tus talentos naturales, tu genuina capacidad de crear lo que te nazca y como mejor te plazca.

Nunca negocies lo que en verdad eres. Si quieres escapar, escapa hacia adentro y déjate llevar por tus valores más preciados, los que te definen, los tuyos. ¿Luchar? Sí. La libertad interior es tu sello, es un imperativo que no se negocia. ¿Y quién te ayuda en esa lucha por ser tú mismo? El amor propio, entre otras cosas.

PRINCIPIO 3. IRRESPETAR ES COSIFICAR A UN SER HUMANO, CONVERTIRLO EN OBJETO

Cuando te cosifican, significa que te convierten en una *cosa*, sin pensamientos y sin emociones. Piensa, por ejemplo, en una mujer que vive en pareja, cuyo esposo es un hombre controlador y totalmente indiferente a las necesidades de ella. Si quiere tener sexo, lo que manda es su deseo. La señora no puede salir sin pedir permiso, porque el señor sufre de celos, que se agravan cuando bebe. En la casa solo se come lo que él decide. No le permite tener amigas. Fuera de la casa, cuando están con amigos o conocidos, el hombre es un dandi y un exponente de la corrección. Las amigas suelen decirle: «¡Qué hombre tan maravilloso el tuyo!». ¿Tú qué crees? ¿Que esta mujer es tratada como un fin en sí misma o como un utensilio cualquiera por parte de su marido? La esposa vive para satisfacer plenamente las exigencias y las necesidades de su esposo, es «usada» para darle gusto a un torturador socialmente aceptado.

Piensa en qué situaciones te sientes manipulado y en cuáles se aprovechan de ti. La gente ventajosa y explotadora huele a los que son sumisos o poseen un espíritu de autosacrificio exacerbado, los persiguen, los seducen y los exprimen. La máxima es «No digas sí cuando quieres decir no», sobre todo si tus derechos están en juego. Tu humanidad no la puedes conceder a cambio de nada, ni siquiera por amor. Y la pierdes en el preciso momento que alguien empieza a ejercer un control personal y emocional sobre tu conducta. No te agaches. Martin Luther King decía: «Si no quieres que se monten en tu espalda, pues no te agaches».

Si tu historia personal muestra deprivación emocional, abuso, abandono o maltrato, eres más propenso a ser víctima de sentimientos de inseguridad y a caer en la obediencia ciega. Sin embargo, este

problema es subsanable si acudes a una ayuda psicológica llevada a cabo por un profesional de la salud con experiencia. No te des por vencido: la subyugación se cura, se modifica o se desaprende.

Ponte a prueba

Es posible que el miedo al fracaso o a no ser capaz te frene en varias ocasiones. ¿Y si te dijera que eres más capaz de lo que crees? En mi consulta, he visto infinidad de veces a personas atrapadas en su zona de confort, alimentando la idea falsa de que afuera todo es terrible y no van a poder sobrevivir por su cuenta.

Lo siento por romper tu burbuja de comodidad, pero hay que salir a la zona de aprendizaje, donde el esquema que manda es el de *audacia y experimentalismo*. Hay que pensar y actuar como científico, lo que implica poner a prueba tus hipótesis. Aplícalo cada vez que emitas una opinión que puede afectarte negativamente, sométela a contraste: examina si es lógica y en qué datos se sustenta.

La gasolina del cambio se llama *coraje*. Cuando ya te cansaste de no poder hacer aquello que te gustaría, lo ideal es que esa hartera salga con todo su vigor. «Me cansé» lleva implícita una frase especialmente realista y decidida: «Acepto lo peor que pueda pasar». Y *entonces* das el gran salto.

Ponerse a prueba no es correr riesgos inútiles, ni esperar que siempre te vaya bien. Hay cosas que definitivamente no podemos hacer, pero tienes la opción de emprender una revaluación de la situación, que es una buena estrategia de afrontamiento.

A una amiga mía le encanta el tango, y desde hace cinco años va a clases para aprender a moverse como lo hacen los que saben, con decoraciones y otros tipos de adornos. El problema es que ella nunca tuvo mucho ritmo y coordinación. Sin embargo, ante esta limitación, ha construido una filosofía muy saludable al respecto. Cuando alguien le señala sus pocas dotes en el arte del baile tanguero, suele responder: «Es que yo no quiero aprender para ser una bailarina experta, sino para divertirme». Es profundamente respetada y querida por los demás bailarines. Su meta no es convertirse en una maestra del tango o ganar un concurso, sino aproximarse a poder hacerlo cada día un poco mejor, aunque la meta esté a años luz. El gusto está en la aproximación y en intentarlo. Así ha logrado avanzar en movimientos que eran inicialmente impensables. No compite, baila. Algo similar pasa con la sabiduría, tal como la conciben algunos maestros espirituales y filósofos: es un horizonte hacia el que apuntamos. El placer está en ir hacia ella, aunque no la alcancemos, pero a cada ensayo la sentimos subjetivamente más cerca.

Si consideras que el éxito no siempre está en llegar a la meta, sino en intentarlo con todas tus fuerzas, no puedes fracasar. Lo que debes tener claro es que el viaje hacia el objetivo también forma parte de tu autorrealización.

Existe una testarudez positiva que te hace sentir bien contigo mismo: te tumban, entonces te levantas e insistes; te vuelven a tumbar y te vuelves a levantar, y así hasta que ya no puedas más. Cuando eres capaz de afirmar: «No pude, pero lo di todo», es como decir «cumplí». Es la paz que genera el haber luchado.

Se trata entonces de sacar callos, y en ese entrenamiento verás que tu autoimagen va cambiando por una más potente, con la que no necesitas esconderte en lugares de riesgo cero. Cuando te pones a prueba quieres saber de lo que eres capaz, así estés muerto de miedo, así seas torpe, así se burlen los demás. Es un reto contigo mismo. Si haces de la evitación un estilo de vida, lo malo se multiplicará (lo verás en el pilar 7).

Separa *error* de *fracaso*, el primero es una equivocación que ocurre en una situación específica, con o sin culpa, y que es cometida por todos los humanos: es perder una batalla y prepararse para la próxima. *Fracaso* es que se te acabaron las posibilidades de solución. Muchas veces confundimos el uno con el otro. Un relato cuenta que un gato se sentó sobre un fogón prendido y se quemó parte de la cola. Resulta que le dolió tanto que decidió no volver a sentarse nunca más en ninguna parte. Este gato parece que padecía de varias distorsiones cognitivas, ya que generalizó excesivamente y tomó la parte por el todo.

Ponte a prueba, cada vez que dudes de ti, que temas por el resultado de algo, que te sientas sin sostén afectivo, ponte a prueba, una y mil veces. Eso hará que tu amor propio saque músculos y que tu autoconfianza crezca.

No estés en el lugar equivocado

Aunque he comentado este punto tangencialmente, se me hace muy importante remarcarlo. ¿Qué significa estar en el lugar equivocado? Estar donde no te quieren, no te escuchan con interés, se burlan de ti o de tu etnia o de lo que sea, son indiferentes, te llevan la contraria en casi todo, tienes que justificar cada uno de tus gustos y actos, te menosprecian, y la lista sigue.

Hay gente que aguanta años en sitios donde no obtiene ni una muestra de afecto, esperando «ganárselo» o que los demás cambien. Si tienes que «ganarte» el amor de alguien, créeme, no vale la pena.

Pregúntate por qué insistes en permanecer ahí. Si te quedas en un lugar del cual deberías irte, te someterás poco a poco e irás perdiendo autorrespeto. Aunque el cambio requiera costos psicológicos, económicos o físicos, si estás en el lugar equivocado, es preferible empezar de nuevo a tener que aprobar un examen de admisión afectivo para sobrevivir.

Cuando te quedas en un lugar tóxico más de la cuenta, tu mente empieza a «ingerir» información insalubre y experiencias destructivas. Y es posible que tu ser, por distintas razones, se acostumbre y acepte lo inaceptable. Las sectas no solo existen en las películas.

No te avergüences de ti mismo

La vergüenza es una emoción compleja y profunda sobre la autoevaluación negativa del «yo», que se experimenta cuando una persona percibe que ha fallado en cumplir con sus propias expectativas éticas o las de los demás, o que ha sido expuesta a juicio o crítica. No solo afecta a la percepción de un comportamiento específico, sino que se relaciona con la identidad global de la persona.

Hay gente que se vergüenza por todo y pide disculpas por existir, por pensar, por moverse o por hablar. ¿Conoces a gente que se comporta de esta manera? Yo sí, y las palabras «disculpa, disculpa, disculpa», si te fijas bien, están acompañadas de una postura cabizbaja y de inclinación corporal ante otros. Estas personas están convencidas de que son menos y de que no merecen respeto, honra y consideración: la dignidad no es cosa de ellos. Cuando entras en su mente, todo está contaminado de humillación y obsecuencia, con una exaltación al «antivalor» de la mansedumbre. ¿Que tú no eres así? Es posible, pero nadie está exento de que sucedan situaciones difíciles en las que nos traicionamos a nosotros mismos y guardamos nuestros valores más sentidos en el bolsillo. Entonces tomamos decisiones que violan nuestro ideal del «yo».

Una pregunta: ¿de dónde sacas la idea de que *nunca* debes hacer el ridículo y *siempre* tienes que ser adecuado y correcto? Vimos que el perfeccionismo nos lleva a creer de manera irracional que no podemos equivocarnos ni alejarnos de la aprobación social. Se burlan de ti y de inmediato te metes dentro de ti y empiezas a darte golpes de autocrítica, muchas veces sin cuestionar la conducta ajena. Cuando creas que hiciste un papelón, pregúntate: «¿Hice algo éticamente inadecuado de acuerdo con mis valores? ¿Es tan grave? ¿Realmente mi dignidad está en juego?». A veces, puede ocurrir que la gente no piensa que hayas hecho el oso, y tú sí.

En terapia cognitiva, Albert Ellis planteó una serie de actividades que llamó *ejercicios para vencer la vergüenza*, en los que los pacientes hacían cosas absurdas y ridículas a propósito para desensibilizarse ante la evaluación negativa de los demás. Yo mismo, durante años, apliqué esos ejercicios y otros en terapia de grupo, con resultados muy positivos. Cuando se hace el ridículo a propósito y en un ambiente festivo, es como si el organismo se quitara, así sea por un rato, el peso de la opinión ajena.

Una premisa: cuando sientas que has hecho un papelón o actúes por fuera de lo que se considera socialmente adecuado (y si no violas el derecho de nadie), no te disculpes. Si empiezas a explicar, justificar o fundamentar por qué «quedaste como un tonto», ya estás por debajo. ¿Qué vas a decir: «Perdón por ser como soy»? Fuiste el más ridículo del mundo según las convenciones, ¿y...? ¡Tu vida no depende de eso! No te arrepientas de lo que no debes arrepentirte.

Despierta a tu guerrero interior

El guerrero interior es una actitud de lucha contra la adversidad externa y los obstáculos internos que nos impiden alcanzar la autorrealización. Todos lo tenemos, tú también: guerrero o guerrera. Una fortaleza esencial, que, como decía Carl Gustav Jung, enfrenta los miedos y los desafíos internos que impiden el desarrollo del potencial humano.

Para que reflexiones

En el budismo tibetano, el maestro Chögyam Trungpa Rinpoche, en las enseñanzas del Shambhala, se refiere al guerrero interior como un arquetipo que representa la valentía y la nobleza; a diferencia de la imagen del guerrero que combate a sus enemigos, el guerrero interior se enfrenta a sus propios miedos, inseguridades y confusiones. Asuntos similares aparecen en el *bushido*, que era el código ético de los samuráis. La idea del guerrero también aparece en la tradición de los indios americanos y en algunos chamanes; Carlos Castañeda, en su libro, *Las enseñanzas de don Juan*, se refiere a él como «guerrero impecable». En fin, ya sea desde la antropología, la psicología, los mitos o la historia, en muchas culturas se pondera la creencia de que somos más fuertes de lo que pensamos. Si estuvieras en una situación límite, en la que la gente que amas está en peligro, aparecerían en ti un coraje y una determinación desconocidos para salvarlos. No nos educan para la audacia, pero sí para la evitación de los contratiempos.

La formación de carácter y la tenacidad que implica convertirte en un «buen guerrero» puedes ejercitarlas cada vez que sientas que tu «yo» se ve limitado. No se trata de entrar en guerra con nadie, no es matoneo, sino de ser capaz de actuar con firmeza y sabiduría cuando atenten contra tus valores y principios. Poner límites y defender tu amor propio es consolidar la aceptación incondicional de uno mismo. ¿Por qué ibas a dejar que vapuleen tus derechos? ¿Por qué deberías quedarte callado si intentan manipularte?

Señalaré cuatro factores que caracterizan a una guerrera o un guerrero lúcido, para que trates de implementarlos.

- *El buen guerrero reconoce que tiene miedo, no lo niega, sea mucho o poco,* pero también tiene claro que va a enfrentarlo. Esa es su lucha. Sus armas son dos: valentía y compromiso de que hará todo lo que sea capaz de hacer. Estarás pensando: «Empezamos mal en este punto. Precisamente lo que pasa es que no soy valiente y me la paso escapando todo el tiempo». Presta atención. Hay dos maneras de vencer el miedo irracional. La primera es aproximarse a él de manera sucesiva y relajándonos en cada fase, hasta que podamos hacerlo con muy poca o ninguna ansiedad. Con este método, el sistema nervioso se habitúa y se desensibiliza. La segunda es acercarse a lo que le tememos de manera implosiva y sin relajación de ningún tipo. Supongamos que le tengas miedo a los fantasmas y decides enfrentarlos de manera categórica. La tarea sería irse a un cementerio a la medianoche y llamar a los espectros y a cuanta alma en pena ande por ahí, a los gritos: «¡Vengan, que aquí los espero, idiotas, no les tengo miedo!». Retar al temor, burlarse de él, irrespetarlo. Esta *estrategia de inundación* es mejor llevarla a cabo con un terapeuta experimentado, si no sientes que eres capaz.

- Para el buen guerrero *luchar no solo es golpear o sacar la espada, también es oponerse pacíficamente, proponer otras alternativas a la fuerza, pugnar, debatir, desobedecer, en fin, dar una batalla emocional o intelectual.* Recuerdo que en un episodio de la serie de abogados *The Good Life*, un cliente le pregunta a la protagonista que lo defenderá en la corte: «¿Vamos a ganar?», y ella responde: «Vamos a pelear». Ya desmitifiquemos la lucha como agresión o violencia, y acerquémosla más a «dar el pecho» o a «dar la cara».

- *El buen guerrero, el que está imbuido de sabiduría, no anda como un loquito aceptando todas las disputas, las elige.* ¿De acuerdo con qué? El criterio es preguntarse si vale la pena o no, con base en sus valores y principios. Si alguien me insulta y me da lo mismo porque no lo considero amenazante, ni mi «yo» ni mi amor propio se ofenderán. Pero, por ejemplo, si ser libre es para ti un principio vital y alguien te lo restringe, ese sería posiblemente un enfrentamiento que vale la pena. Piensa: ¿en cuántas batallas que no son tuyas estás implicado porque te dejaste llevar por una emoción fuera de control? Siéntate, relájate y empieza a analizar con sumo cuidado las luchas en que estás metido y no te interesan. Pueden ser pequeñas, muy pequeñas o diminutas. Sutiles o evidentes. Te sorprenderás porque quizás sean más de las que esperabas. Y, sin embargo, sigues en esa contienda inexplicablemente. ¿Y tus sentimientos? ¿Cuánto tiempo y esfuerzo te implica llevar una bandera o un estandarte que ni siquiera te representa? Libera tu mente de esa obligación, recobra tus recursos cognitivos y emocionales, y ponlos al servicio de algo que sea importante para ti. No te desgastes en alcanzar objetivos ajenos, en darles gusto a los demás y no a ti mismo.

Una consecuencia del punto anterior es implicarte en situaciones que no compensan o no merecen el esfuerzo. Comprometerse es para mí sinónimo de *jugársela*. Pero ¿qué pasa si descubres que te equivocaste? Deponer las armas no es ser un desertor, es decirles «no» a determinados enfrentamientos que ya no te interesan o son prestados. ¿No sabes perder? Si es así, estás en problemas. Como dije antes, la vida nos enseña por ensayo y error, o sea, si no has perdido nunca, sin duda mientes o eres de otra galaxia. No saber perder o no saber ganar es una vulnerabilidad que siempre volverá sobre ti como un bumerán. ¿No es un acto de gallardía reconocer dignamente la derrota? Yo creo que cuando se trata de defender tus valores

156

hay que dar la pelea hasta el final. ¿Y cuál es el final? El que tú decidas de acuerdo con tu bien parecer y entender. Eso sí, una vez que escojas, no te autocritiques ni te trates mal.

Deponer las armas también es hacer las paces o la paz. Detrás de ese gesto de humildad puede haber una convicción muy profunda contra la guerra, el odio, el rencor o la aversión hacia algunos. Bajar la guardia también puede ser una manera de perdonar, de regalarte el sosiego interior. Deponer las armas es posible que ocurra en una pareja que quiere reconciliarse, regresar a la casa de los padres después de años de resentimiento o abrazar otra vez a aquel amigo olvidado por culpa de una rencilla. En otras palabras: es no prestarse a la polarización, es negarse a lastimar.

- *El buen guerrero es resiliente.* Lleva sus cicatrices con orgullo. Su historia está presente en cada uno de sus gestos, como si los antepasados lo acompañaran siempre. Nunca niega las marcas de sus heridas, porque le recuerdan que no es invulnerable. Siempre reconoce sus debilidades e intenta mejorar. Cada golpe de la vida es un indicador, es un aprendizaje que lo hace cada vez más fuerte. Te pregunto: ¿debemos esconder nuestros fracasos? Creo que no. Tampoco se trata de pavonearse para que vean que eres un superviviente. Lo que sí te sugiero es que, si naturalmente sale un tema y te señalan por tus errores del pasado, no los niegues, no te avergüences. ¿Quieres ser un guerrero? No te resignes a cualquier sufrimiento innecesario y no escondas lo que eres. Tú, yo y todos tenemos heridas que han dejado su huella. Si has llegado hasta este punto de tu vida, es que tienes agallas y es posible que seas un guerrero o guerrera en plena acción.

Despréndete de los estigmas que te han impuesto y recupera una percepción saludable de ti mismo

Los estigmas pesan, y mucho. Estas «lápidas» que la sociedad, la gente, algunas instituciones o nosotros mismos —influenciados por el aprendizaje— nos colocamos, generalmente esconden un prejuicio o un estereotipo social, y suelen instaurarse, aunque no siempre, a temprana edad. En la época de la niñez nuestro cerebro está en formación y es más difícil que nos resistamos a recibir o a bloquear la información que nos hace daño. Así vamos asimilando y construyendo una «teoría personal» que va adherida al contenido de la rotulación: «No sirves para los deportes», «Eres un *nerd*», «No eres atractivo», «Te equivocas demasiado», «Tu hermano es más despierto que tú», «¡Cómo es posible que no entiendas lo que la maestra te explica!», «Tienes un déficit de atención y por eso no te serán fáciles los estudios», «Te amo porque eres mi hijo, pero nunca he viso a alguien tan cobarde como tú», «Eres una persona buena, pero amarte es imposible», «Siempre te las ingenias para que las cosas te vayan mal»,

«¿No te cansas de hacer sufrir a la gente que te rodea?», «Eres demasiado torpe», «No eres inteligente, así que acéptalo», «No soporto tu obesidad», «¡Estás mal de la cabeza!», y la lista sigue como una cadena interminable que amarra al amor propio y lo inmoviliza.

La consecuencia es que nos convencemos de que el estigma es una verdad indiscutible. Pongamos que tus padres y tu parentela te dicen cada vez que metes la pata, con la mayor ternura posible: «Eres demasiado torpe, mi amorcito, deja que eso lo haga tu hermana, que es más hábil». Eso no queda flotando por las neuronas como cualquier dato neutral, sino que se va estructurando en lo que después será tu autoconcepto: «Soy torpe. Si todos me lo dicen, por algo será».

Asumiste el estigma, lo haces tuyo y lo conectas a tu «yo», que es como pegarlo con un supercemento. Después, tu mente se encarga de fijarlo en la memoria para crear una autopercepción que puede durar siglos si no haces nada para cambiarla.

Piensa en tus etiquetas, en esas que tienes adheridas en lo más profundo de tu ser. Esas que cuando se manifiestan parecen dogmas de fe irrefutables. De verdad, ¿alguna vez has tratado de desafiarlas? Si resultan ser una carga y te quitan vitalidad, ¿por qué te resignas a convivir con ellas?

Los estigmas no solo te frenan, te hunden. Son como anclas. Te acostumbras a esas rotulaciones como si fueran parte de tu esencia y te olvidas de que son ajenas y nada tienen que ver contigo. Si tu organismo tuviera un elemento extraño, tendería a expulsarlo.

¿Por qué la mente no puede hacer lo mismo? Tu cuerpo, en su evolución, aprendió a remediar el problema de tener metido «un cuerpo extraño y dañino», y lo lanza fuera de manera automática sin que te des cuenta. ¿Por qué no ayudas a tu mente?

Arráncatelos, corre el riesgo, atrévete a ser quien eres sin estigmas ni limitaciones arbitrarias. Esas marcas son como diagnósticos existenciales echas al azar o producto de la ignorancia. Decir «no soy capaz» sin haberlo intentado, como veíamos más arriba, es irracional e injusto con tu persona. Nada legitima esa renuncia, nada valida ese conformismo. La conclusión es que en algún momento te han clasificado y han afectado a tu normal identidad, por tal razón, no puedes autobservarte en toda tu dimensión y en todo tu potencial.

Empieza por no creer el epitafio que te han puesto. Son solo palabras que no pueden herirte si no las dejas. Por eso depende de ti que tengan algún efecto.

Si veneras a alguien, te pierdes a ti mismo

¿Hay gente cercana en tu vida a la cual le rindes pleitesía? Quizás te las vendieron como personas muy especiales, y puede que lo sean, pero lo que debe preocuparte no es qué tan geniales son, sino tu actitud de sometimiento. *Venerar* y *adorar* se emplean como sinónimos con el sentido de «rendir culto a alguien o algo». Si esto es así, el amor propio se inmoviliza.

No me refiero a rendir culto a lo sagrado dentro de un contexto religioso o espiritual, incluso si en ese contexto existe un maestro que sea la representación de lo sublime. No hablo de las relaciones que establecemos con el universo, Dios o la naturaleza, sino de idolatrar, aquí en la Tierra, a gente de la vida cotidiana que nos han dicho que es extraordinaria o referente en algún área, ante la cual nos sentimos deslumbrados y con miedo a no ser aceptados. Tampoco niego que existan referentes dignos de respeto, pero veremos que entre *venerar* y *admirar* hay una diferencia sustancial.

Si *veneras* a alguien, le rendirás pleitesía y te sentirás honrado de que se fije en ti. No es lo mismo ser un fan que ser un súbdito. Los fans son seguidores voluntarios, que no están atrapados en una relación jerárquica y que aprecian algún aspecto de su ídolo. Los súbditos establecen un vínculo de subordinación y obediencia a una autoridad, es decir, siguen órdenes, abiertas o simuladas, sin pestañar.

Cuando estás en una situación de dominancia/sumisión, tu cuerpo sentirá el impacto. Por ejemplo, es posible que cambies tu tono de voz, te inclinarás sin darte cuenta, dirás «sí» a todo lo que te sugiere el que te domina, y te maravillarás por cada cosa que dice o hace. No serás capaz de rebatirle sus puntos de vista ni mostrar un pensamiento crítico y, si llegaras a contradecirlo, pensarás que estás ofendiendo a la «majestad» de su persona. Su palabra será ley. Y no creas que esto sucede solamente ante un personaje encumbrado o especialmente poderoso, puede tener lugar con tu jefe en el trabajo, con un amigo o amiga, con el vecino, con un familiar, con tu pareja, con un profesor, y así. Cualquier modelo de autoridad podría constituirse en un contaminante potencial del amor propio si le das tu consentimiento.

¿Ya te ubicaste? ¿Te das cuenta? Supongamos que idolatras a un literato y eres uno de sus mayores admiradores. Y cuando le comentas lo que estás leyendo, levanta una ceja y, moviendo la cabeza de lado a lado, te dice: «Te recomiendo que mejor dirijas tus lecturas a escritores bálticos. Esas son lecturas imprescindibles». Y sin tener la menor idea de qué es un «escritor báltico», respondes: «¡Claro que sí, maestro!». Me pregunto: ¿imprescindibles para qué? Como el aire, como la alimentación o dormir. *¿Imprescindible* no es algo *necesario*? ¿Lo imprescindible no te recuerda al apego? Y ni bien llegas a tu casa te deshaces de todos los libros de ese autor que te encantaba porque resulta ser «prescindible» y sales desesperado a comprar lo que la eminencia te dijo. ¿No te has puesto a pensar que quizás tú lees para pasarlo bien y no para ser un «literato de línea dura»? Pero sus recomendaciones ya son órdenes, pasaste de ser un fan a ser un súbdito, en una conversación de minutos. Podrías aceptar su recomendación de leer a otro autor, pero sin tirar a la basura tus lecturas, solo porque él o ella te lo dijeron. Eso pasa con las figuras de autoridad en cualquier área. ¡Dime tú qué piensas! ¡No repitas como un loro lo que te dijeron que debías pensar!

Un paciente hombre de treinta y seis años llegó a mi consulta con un problema similar: «Doctor, mi mujer se iluminó». No contesté nada y el siguió: «Usted no ha escrito nada sobre cómo estar en pareja con un ser superior». Entonces le pregunté: «¿A ti te gusta que se haya "iluminado"?». Pensó un rato y respondió: «Yo..., no sé... Supongo que sí... La verdad es que me siento honrado y agradecido de que una persona como ella se fije en mí». Le dije: «Cuando la conoció, ella era normal, ¿verdad?». Se apresuró a decir: «Sí, sí... Pero ahora no...». Volví a preguntar: «¿Es capaz de llevarle la contraria, ponerle una queja, decirle "no"..., en fin, ser uno mismo?». Y sentenció: «¡Por favor, doctor! ¡No sería correcto!». Después de esa única cita, no volví a verlo. Al año y pico me enteré por un cuñado suyo que venía a mi consulta que el hombre se había separado. La esposa se enamoró de otro y lo dejó. ¿Podrías seguir enamorado o enamorada de alguien que te venera como a un semidiós si no eres narcisista? Reverenciar no es amar. Es someterse y empezar a perder identidad.

Con la persona que sea, nunca bajes la mirada ni bloquees tu pensamiento, jamás ocultes quién eres, por más títulos y reconocimientos que tenga el otro. Aunque no lo creas, es tan humano como tú, o a veces un poco menos si el egocentrismo hizo mella.

VENERACIÓN VERSUS ADMIRACIÓN

La dinámica psicológica que subyace a estos dos procesos te dejará claro a qué se debe que, en muchos casos, la veneración afecte negativamente al amor propio. Veamos las dos posiciones.

En la *veneración*, tú rindes culto a una persona que, tarde o temprano, se convierte en un modelo que seguir. Consciente o inconscientemente querrás copiarlo. Y ser una imitación no es la mejor manera de potenciar tu crecimiento. ¿La razón? Debido a que haces a un lado tu propia identidad, tus propósitos y tus motivaciones personales. Mimetizarte en el «maestro» o la «maestra» es dejar de existir, es dejar de amarte a ti mismo y respetarte. **La imitación corrompe,** decía Krishnamurti, puesto que te niegas a ti mismo y te pierdes en el otro. Reproducir la conducta ajena es un método de aprendizaje llamado *modelamiento*, que es fundamental para el aprendizaje social de los niños, pero en un adulto no lo es, salvo en situaciones específicas. Cuando te conviertes en un clon, te acabas como individuo, ya que tu singularidad se desmorona. A lo sumo, te convertirás en una buena simulación del referente, pero no serás auténtico. No tendrá tu característica distintiva.

Algo muy distinto es *admirar*. Para que lo tengas claro, según la Real Academia de la Lengua Española, en su segunda acepción, la palabra *admirar* significa «Ver, contemplar o considerar con estima o agrado especiales a alguien o algo que llama la atención por cualidades juzgadas como extraordinarias». Tú admiras cuando expresas aprecio, atención, consideración o sorpresa ante algún individuo por su calidad, valor o dignidad. Piensa en alguien al que admires, y verás que no necesitas acabar con tu personalidad. Lo respetas, pero no te pierdes a ti mismo ni te anulas. Esa admiración te lleva a escuchar y aprender, y, a diferencia de la veneración, no buscas imitar. No serás una fotocopia del otro. La persona que admiras, si no tiene delirios de grandeza, no te impone nada, por eso lo que producirá en ti es *inspiración*. Te inspiras en ella y creas una versión tuya, con tus criterios, con tu sello personal. La veneración te lleva a repetir, la admiración impulsa la creatividad, la búsqueda de lo nuevo. No estás a la sombra de nadie.

Es importante dejar claro, por ejemplo, que un buen maestro espiritual no te impone nada, no te castiga ni te premia, te observa como una flor que se abre, conversa contigo y te acompaña. Nunca evalúa tu esencia.

Las siguientes palabras, que se atribuyen a Buda en el «sutra del loto», dejan clara la importancia de la autoconfianza, la experiencia directa, el conocimiento y la práctica personal como parte del camino: «No se dejen llevar por lo que les dicen los maestros, sino por la luz que llevan dentro».

Aunque los maestros pueden guiar y ofrecer sabiduría, la verdadera comprensión y la realización deben surgir de la propia experiencia y autobservación. La mayoría de los grandes líderes espirituales de la historia concuerdan con Buda en ese punto.

Para que reflexiones

No importa frente a quién estés, mirar a los ojos de tu interlocutor y verlo sin tapujos es autoafirmación. Tal como decía el psicoterapeuta Nathaniel Branden, hubo una época en que un negro no podía mirar a una mujer blanca porque era un delito de acoso sexual e irrespeto. En la película de 1996 *Tiempo de matar*, protagonizada por Samuel L. Jackson y Matthew McConaughey, podrás ver muy bien representada esta prohibición y otras. Cuando levantas la cabeza, la visión llega hasta el horizonte y la percepción se multiplica hasta el infinito. Dirigir tu mirada hacia abajo porque piensas que estás frente a un individuo alfa es volver a nuestros ancestros simios.

Aléjate de los amigos tóxicos

Los buenos amigos son un regalo de la vida. Te los encuentras después de un tiempo largo y empiezas a conversar con ellos, y es como si los hubieras visto ayer. Los amigos de verdad son la familia que elegiste, no la que te tocó en suerte, aunque la ames profundamente. Pero no todo es color de rosa. A veces se cuelan personajes que hemos aprendido a querer, aunque nos han perjudicado en alguna situación. Pareciera que existe una premisa implícita que nos hace más daño que bien: a los compañeros de andanzas se les perdona todo, hagan lo que hagan.

¿Tienes amigos que son más un problema que motivo de alegría? Si es así, ¿por qué sigues allí? Cuando decimos que alguien es «tóxico», lo que queremos significar es que el vínculo que sostenemos con él o con ella es destructivo o negativo para nuestra salud mental.

Si quieres revisar tus amistades y distanciarte de aquellas personas que no contribuyen positivamente a tu bienestar, lo primero es diferenciar qué amigos o amigas le *vienen bien a tu vida* y quiénes *son nocivos en el sentido que quieras*.

Para mí, una de las claves principales de la amistad es poder ser radicalmente auténtico, sentir que puedes manifestarte como eres. Y si hay desacuerdos, no deberían ser sobre temas fundamentales o de principios. ¿Podrías ser amigo de alguien que maltrata a su mujer y a sus hijos? ¿Cómo harías? ¿No hablarías del tema porque sería «incómodo» o se te revolverían las tripas cada vez que estás a su lado? ¿Tratarías de convencerlo de que su comportamiento es inadecuado? ¿No le denunciarías y serías cómplice por omisión? Ser flexible es una cosa; ir en contra de los derechos humanos, otra muy distinta.

La pregunta que te hago es: ¿sabemos qué hacer con los amigos insoportables? Y la respuesta sería otra pregunta: ¿por qué motivo deberías soportarlos? Si piensas que es porque los quieres, aunque te hagan daño, estás dejando a un lado el amor propio o tienes un espíritu de autosacrificio que necesita terapia. Recuerda: ¡hablamos de que son insoporta-

bles! Ni la genética ni la amistad obligan al amor si atacan tu dignidad. ¿Qué hacer? Alejarte y no hacerte cargo de ellos. No hablo de los que te lastiman alguna vez porque cometieron un error, me refiero a los que te atacan de exprofeso y a conciencia, se disculpen o no.

ALGUNOS EJEMPLOS DE COMPORTAMIENTOS TÓXICOS DE PERSONAS QUE CONSIDERAMOS AMIGAS

No tienes que pensar en una estafa, que sean amantes de tu novia o novio, mentir sobre algo vital o hacerte quedar mal ante el mundo, también hay cosas pequeñas que no siempre se ven, pero se sienten muy intensamente. Por ejemplo, tienes tres amigas que siempre andan juntas y se turnan las reuniones en cada una de sus cuatro casas. Y de pronto, en la última reunión no te invitan o no te avisan. Cuando les haces el reclamo, te dicen que se les olvidó. ¡Duele, y mucho! ¿Qué te duele exactamente? Que en sus planes hayan podido prescindir de ti. A un amigo o amiga no se le olvida tan fácil y más si se trata de un evento. El amor previene la amnesia. Pero resulta que una de ellas había quedado en avisarte y no cayó en cuenta. ¿Y por qué no te llamaron cuando estaban reunidas? ¿No podemos verlo como un síntoma? Quizás esas «amigas» no te quieren tanto o no son confiables. No te estafaron ni te maltrataron de forma manifiesta, y, a pesar de eso, el «olvido» causa más dolor que una cachetada. Quieras o no, tu mente llegará a la conclusión de que para ellas no eres una persona tan especial como pensabas. Tienes dos opciones: darles otra oportunidad, pero sin quejarte ni pedir explicaciones, o decirles «adiós y hasta nunca»: tú decides.

Las heridas que lastiman en el amor de pareja o en la amistad suelen estar arraigadas en la indiferencia, ese es el crisol en el que se funde de manera tajante el desamor. Por ejemplo, consigues un empleo mejor, todos te felicitan menos tu amigo. Estando allí presente, cuando todos festejan tu logro, no dice ni hace nada. ¿Cómo explicar una conducta así? ¿Piensa que no lo mereces? ¿No le interesan tus triunfos? ¿Siente envidia? Cualquiera de los motivos señalados quiebra los códigos de una amistad verdadera. La premisa básica entre amigos es: «Tu alegría es mi alegría», «Tus logros son los míos».

La mayoría de estos golpes psicológicos dejan moretones en el alma. Que te ignoren, te retiren el afecto o que simplemente no les interese tu bienestar son actitudes que jamás pasarán desapercibidas por ti si se trata de un amigo. En realidad, en vez de un aliado de vida o un compañero sincero, se encuadraría más en la idea de un enemigo camuflado. ¿Qué carajos hace en tu vida alguien así? Un amigo o una amiga te ayuda a fluir, te hace más liviana la existencia, no es una carga ni un encarte.

No hay que defender la amistad a secas, lo que debes defender es la «buena amistad». Recuerda que cuando dejas pasar (evitas) por comodidad, miedo o procrastinación algo que te afecta negativamente, y no actúas de manera oportuna, no solo te sentirás mal con el amigo, sino contigo mismo. Cuando pese a todo lo malo sigues manteniendo la relación, identifica qué te ocurre. Si este amigo le hiciera a una persona que amas lo que te hace a ti, ¿qué harías? Actuarías de inmediato y sin pensarlo tanto, ¿verdad? ¿Y por qué contigo es diferente? Si te amaras en serio, no le dejarías hacer nada que vaya contra tu bienestar.

Con seguridad, hay muchos tipos de personajes que están en tu vida los cuales deberían salir. Veamos algunos ejemplos de personas que serían muy difícil catalogar como amigas:

- Está quien te saca a la luz cada vez que puede la contradicción de tu postura actual en alguna cuestión, con lo que opinabas hace cuatro o cinco años: «Pero tú no pensabas lo mismo antes...». Y te lo hace una y otra vez, y sobre todo si hay otra gente presente. ¿Qué tipo de motivación (y pérdida de tiempo) lo puede llevar a buscar obsesivamente dónde, cómo y cuándo te contradijiste, si es humano hacerlo? ¿Para qué hace eso? ¿Por qué te lo señala? No sabemos, pero de lo que podemos estar seguros es de que su intención no es buena.

  ¿Qué hacer? En primer lugar, tienes el derecho a cambiar de opinión. Por lo general, las experiencias y el conocimiento que adquirimos durante nuestra existencia nos llevan a revisar cosas o a querer actualizarnos en el área que sea. Nuestra mente no es fija e inmutable. No digo que te conviertas en un tránsfuga político y hagas de la deslealtad y la traición una forma de vida; lo que sostengo es que estés dispuesto al cambio honesto y bien fundamentado. En segundo lugar, puedes responder con un pasaje del poema «Canto a mí mismo», del libro de Walt Whitman *Hojas de hierba*:

> *¿Me contradigo?*
> *Muy bien, me contradigo.*
> *(Soy amplio, contengo multitudes).*

- Está el amigo que menosprecia tus logros, pero de una manera especial. Por ejemplo, remodelaste tu cocina y, como te gusta cocinar, le metiste todo tu esfuerzo económico y creativo. Él llega, la ve y dice algo así como «¡Guau, qué cocina te diste, hermano! ¡Genial! ¡Te felicito!». Y a los pocos minutos empieza con un catálogo de pequeñas críticas: «¿Ensayaron poniendo el refrigerador en otro sitio? Es que ahí donde está quita luz» (no hay otro lugar donde ponerlo). «El color blanco es hermoso, pero, ¿no se ensucia mucho?» (no podemos tumbar toda la cocina para cambiar el color). «¿La cava no está muy baja, debe de ser incómodo sacar los vinos de ahí, pero hay que hacer ejercicio, ¿no?» (no hay cómo subir la cava). Cuando le dices cuánto dinero te costó, ahí saca su mejor arsenal, siempre con una sonrisa: «Sí está un poco cara, ¿no? Juan compró una más grande y más barata». Y agrega: «¿Cómo se llama esta empresa?». Le respondes y te dice: «No la he oído nombrar». Algunas de estas personas son expertas en devaluar y pretenden hacerte creer que están preocupadas por tu calidad de vida. El buen amigo está feliz con tus proyectos y no presta asesoría, a no ser que vea algo grave. Los malos amigos hacen revisiones encubiertas para saber qué tan mal te fue, mientras externamente festejan una y mil veces sobre la maravilla que compraste o mandaste hacer.

- Está la amiga o el amigo que siempre te deja esperando un consejo o una palabra de ánimo. Le cuentas un problema y a lo sumo te da un golpecito en la espalda y menea la cabeza de lado a lado sin decir palabra. El mensaje subyacente es: «Pobre» o «Estás perdido», y de inmediato se aleja o cambia de tema. Le molesta verte molesto; se estresa si te estresas; se incomoda si algo te duele; en fin, la amistad funciona siempre y cuando no haya nada malo que compartir. Son pequeños monstruos afectivos o muestra de una forma de desamor que a veces justificamos diciendo: «Él es así». Pues no importa, si es «así» y no le viene bien a tu vida, está todo dicho. El buen amigo, cuando le confías un sufrimiento, reacciona con empatía y compasión, se conmueve con tu llanto, se angustia con tu angustia, te abraza, te protege y te quiere.

- Finalmente, está la persona que siempre te pide un favor, pequeño unas veces e imposible de conceder en otras. Puede ser desde que le prestes unos centavos hasta tu automóvil una semana para irse de viaje. Te visita cuando necesita algo y no lo disimula. Es agotador para ti, aunque se trate de un amigo, ser un solucionador de problemas permanente. Este tipo de amigos o amigas son recolectores compulsivos de favores, es decir, pedigüeños. Suelen estar pendientes todo el tiempo de cómo obtener algún tipo de beneficio y, para colmo, se sienten con el derecho de llevarlo a cabo. Lo que significa que tú tienes el «deber» de solventar sus carencias (no siempre económicas) e incluso se ofuscan si no lo obtienen. En mi vida personal tuve algunos amigos así.

A manera de conclusión

Insisto: a los buenos amigos nos gusta verlos, la pasamos bien y, si la pasamos mal porque alguno tiene un problema, es un acto de amor, así que estamos allí con gusto. La carcajada, la burla cariñosa, el chiste oportuno, la conversación que no se agota y la atención total cuando te comunicas nunca faltan. Sabes que están del mismo lado del camino y no en orillas opuestas. Si no existen la mayoría de las cosas que acabo de nombrar, quizás no se trate de un amigo, sino de un vampiro emocional. Estos vampiros no le temen a la luz del sol, no les afecta el ajo y ni siquiera el crucifijo. La única opción es no dejarlos entrar en tu vida o sacarlos sin anestesia si ya se colaron. Tu amor propio te lo agradecerá.

PILAR 5

LIBERA EL AMOR PROPIO DE LOS APEGOS Y CONÉCTALO CON TUS VALORES

Define lo que es importante para tu vida

Cuando te miras a ti mismo, ¿qué ves? ¿Te admiras? ¿Te sientes orgulloso de cómo eres y cómo te comportas? ¿Posees un autorrespeto sólido? ¿Tienes claro qué virtudes y valores te caracterizan? Si las respuestas a estas preguntas son «no», estás perdido. Algo o alguien te atrapó de tal manera que no te permite ser libre y crear un proyecto de vida que realmente te pertenezca.

Estás en una prisión de la que, si se abre la puerta de la celda, no querrás salir porque te ataron al placer, a la seguridad o a la autorrealización. ¡Estás dormido, así que despierta! Si no luchas por tus sueños, no existes. ¿Realmente te amas? Entonces abre los ojos de la mente y deja de representar un papel que

no es el tuyo, despabílate. Amarte a ti mismo no es observar lo que te ocurre con neutralidad. ¡Toma partido por tu bienestar, comprométete e involúcrate con lo que vale la pena para ti!

Si en algún momento perdiste el rumbo, recupéralo. Tú lo sabes; si quieres, puedes. Facundo Cabral, el cantautor, decía: «No estás deprimido, estás distraído». En ti reposa la fuerza del amor propio. ¿No estás harto de malgastar gran parte de tu fuerza vital en cosas que solo te gratifican un momento? Piensa: si en tu interior tienes un proyecto de vida represado, ¿qué cosas te estorban para ponerlo en marcha?

Como verás en este pilar, deberás dar un giro, desatarte de la mayor cantidad posible de apegos y retomar tus más profundas convicciones. Aquello para lo que estás hecho y tu naturaleza fundamental, para disfrutarla al máximo. Quién sabe, podrías ser un león criado entre las ovejas y en vez de rugir, balar, y cuando algún día lo descubras se activará en ti lo genuino, lo que te define. Te quedan muchos *rounds* por pelear.

¿Que es muy difícil tomar posesión de quien eres? No tanto como crees. En mi experiencia como psicólogo clínico he visto a muchísimas personas que lo logran. Es posible alcanzarlo si empiezas gradualmente a desengancharte de tus apegos y te entregas con determinación a lo que es realmente importante para ti, en eso que sientes que te falta.

La premisa es: déjate llevar por tu vocación esencial, así no le guste a nadie. Créeme, puedes cambiar, todos lo hacen. Primero adentrémonos en el mundo de los apegos para que entiendas cómo funcionan y comiences a soltarlos. Luego, restablece tu amor propio y poténcialo, para enfocarte en tus valores y en tu autorrealización.

No te dejes secuestrar por los apegos

El apego es la incapacidad de renunciar a un objeto, una actividad o una persona, cuando es dañino para ti o incluso para otros. El apego no es deseo, es quedar amarrado al placer o a la seguridad que te genera la fuente de adicción. Es decir, mires por donde lo mires, la sed, el ansia o la avidez que te llevan a encadenarte a la fuente de tu apego tienen consecuencias negativas, te alejan de ti mismo y te confunden.

Supongo que coincidirás conmigo en que es muy difícil que te admires a ti mismo y autorrespetes si vives metido en una maraña de dependencias que te asfixian y no te dejan pensar y actuar con libertad.

Hagamos un ejercicio. Piensa en alguien a quien admiras. Pegúntate qué cualidades reconoces en esa persona que hacen que sientas una estima especial. Si tuvieras esos mismos atributos o parecidos, ¿te admirarías a ti mismo? Sí, ¿verdad? Te sentirías orgulloso de tu persona (entendiendo *orgulloso* como satisfecho, sin arrogancia por las propias cualidades y logros).

Ahora, piensa en alguien que vive pegado a cosas superficiales, que es víctima de su avidez o su deseo.

Que está atrapado por la adicción sin droga a la moda, a las redes, al qué dirán, al trabajo, a su cuerpo, al poder, al prestigio, y así. Ese alguien está inmerso en un sinnúmero de dependencias y no es capaz de gestionar su propia vida: ¿lo admirarías? Probablemente, no. Es difícil sentirse cautivado si las conductas nocivas son más que las virtudes.

Concéntrate en tu persona, ¿qué ves? Si estás siendo sujetado por varios vínculos adherentes que te frenan el crecimiento personal, ¿qué te dirías a ti mismo de manera constructiva? Posiblemente algo así: «¿Qué te pasa? No haré a un lado el amor que siento por ti, pero me es difícil admirarte cuando veo que estás distraído en cosas que no le vienen bien a tu vida. Me gustaría verte con más fuerza y seguridad en ti mismo. Recupera tus valores. Si tus apegos te absorben, te olvidarás de tu persona». Organiza un monólogo interior con tus palabras teniendo en cuenta qué haces mal y qué deberías hacer para remediarlo. Dicho de otra forma: ¿cómo podrías recuperarte a ti mismo?

Estamos de acuerdo en que, aunque te encuentres tapado por necesidades insanas, el amor a ti mismo no está en juego, sin embargo, necesitas sentirte complacido y contento de lo que haces y cómo lo haces. Tienes que ser capaz de mirar lo que no te agrada de ti mismo para cambiarlo. Por ejemplo, si un hijo tuyo fuera adicto a cualquier sustancia o fuera una persona muy violenta, tendrías compasión y lo ayudarías sin condición, lo amarías a muerte, pero no podrías admirar ni respetar esos comportamientos. Repito: si cuando te autobservas reconoces que hay cosas negativas que te tienen atrapado y no eres capaz de soltarte, pese a saber que te perjudican, no te sentirás bien contigo mismo. De nada te servirá negarlas o ignorarlas.

¿A qué podrías apegarte? Solo a manera de ejemplo, podrías crear dependencia a los deportes, las series televisivas, la opinión ajena, la persona que amas, tener estatus, trabajar como un burro, la espiritualidad, el juego, los videojuegos, hacer ejercicio, la belleza, las cirugías plásticas, la juventud (prohibido tener canas), la delgadez, los «me gusta», el móvil, la compañía de otros, no perder, estar en el top 10, internet, no cometer errores..., en fin, la lista es casi interminable. Recuerda que no hablamos de la pasión o del entusiasmo, los cuales son buenos, sino de un impulso descontrolado y obsesivo a realizar determinadas actividades o estar con ciertas personas. Se trata de no ser capaz de prescindir de ese aferramiento patológico, sean cuales sean las consecuencias.

Para que reflexiones

En lo que se considera su primer sermón (conocido como la «Puesta en movimiento de la rueda de la ley»), cerca de la ciudad de Benarés, Buda afirmó: «He aquí la noble verdad del sufrimiento: el nacimiento es sufrimiento, la vejez es sufrimiento, la enfermedad es sufrimiento, la unión con lo que uno odia es sufrimiento, la separación de lo que uno ama es sufrimiento, no obtener lo que uno desea es sufrimiento... He aquí también la noble verdad del origen del sufrimiento: es la sed que lleva a renacer, acompañada del apego al placer, que se regocija aquí y allá, es decir, la sed del deseo, la sed de la existencia, la sed de la inexistencia. He aquí también la noble verdad del cese del dolor: lo que es cese y desapego total de esta misma sed, el abandonarla, el rechazarla, el hecho de liberarse de ella, de no tenerle ya apego».

La falsa felicidad

El apego también lo encontrarás en la literatura espiritual y psicológica, como aferramiento, atadura, sujeción, adicción sin droga, dependencia, sujeción emocional y adherencia. Los pensamientos punzantes y obsesivos que lo acompañan son del tipo «Sin ti es imposible ser feliz», «Tú lo eres todo para mí», «Sin tu presencia mi vida no tiene sentido», «Mi felicidad depende de ti», y cosas por el estilo. Es decir, lo que produce el vínculo es la creencia errónea de que tal cosa o tal persona me define y otorga identidad. Como ves, no es cualquier tema. Las palabras de Buda en el discurso anterior son tan acertadas y esenciales que te dará la impresión de entenderlo todo de una vez. Pues no, hacerles frente a las ataduras emocionales requiere, además de la comprensión, una práctica constante.

Para los budistas, esta adherencia psicológica es la causa principal del sufrimiento. Te identificas con la fuente de tu destrucción. Te contaminas, te vendes. Seamos sinceros, ¡tú no quieres ser así!

Si empiezas a pensar que ese algo o ese alguien te hará feliz, ya vas mal. La felicidad, si acaso existe, debe partir de ti, nadie puede hacerse cargo de eso. La felicidad no te la pueden dar ni robar. Nos han enseñado que el buen amor debe pasar la siguiente prueba: «Si me das a elegir entre ser feliz o seguir a tu lado, me quedo contigo». Porque si dijeras lo contrario, que prefieres ser feliz, serías el ser más desconsiderado y egoísta del planeta. O sea, si me sacrifico, te amo. Y se supone que tu pareja hará lo mismo: renuncia a su felicidad para estar contigo, se sacrifica por la relación. Conclusión: dos personas infelices compartiendo la vida. Me dirás: «Pero es que mi pareja es mi alegría de vivir, no tengo que buscar la felicidad afuera». ¿Qué harías entonces? ¿Concentrarías toda tu capacidad de disfrute en un solo punto? Sería mejor decir: «Tú eres lo mejor de mi vida, pero no lo único».

Tú contribuyes a mi felicidad, y, aun así, también la música alegra mi corazón, los libros empujan mi imaginación hacia otras dimensiones, cocinar me convierte en un alquimista, reunirme con mis amigos me divierte, viajar me hace sentir ciu-

dadano del mundo, en fin, la vida me provee de muchas cosas que forman parte de mi felicidad». Si la persona que amas administra tu felicidad, dejaste de existir por ti mismo. Piensa si te parece normal necesitar a alguien para mantenerte con ganas de vivir.

La consecuencia es que no te sentirás bien contigo mismo. Cuando te abrazas a un apego buscando ser feliz o realizado o seguro, aunque quieras aparentar lo contrario, se activa una pequeña o gran decepción por ti mismo, así te ames. Algo te susurra: «¿No eres capaz de bastarte a ti mismo para sentirte a gusto en la vida? ¿Quieres que alguien se haga cargo de tu bienestar? ¿Cómo te hace sentir esto? ¿Realmente necesitas que una persona te alegre la vida porque no sabes hacerlo?». Estoy seguro de que eres más inteligente, intelectual y emocional que eso. Si te entregas al apego, el autorrespeto se verá perjudicado, así te ames.

No te mimetices en nadie ni nada: tu identidad no se negocia

Cuando tu «yo» se identifica con algo o alguien, significa que reconoces y conectas con aspectos de tu propia identidad: valores, intereses, experiencias y aspiraciones. Si eso se alimenta, se transformará en una superconexión pegajosa y fusionada que te hará perder el norte.

El mecanismo que hay detrás es la expansión de tu «yo» y tu territorio personal, para darle cabida a otros elementos y tratarlos como si fueran parte de ti. Si lo que está en mi «yo» me pertenece, mi individualidad psicológica ahora estará formada por todo aquello con lo cual me relaciono de manera «apasionada» primero y obsesiva después. Lo otro y tú son interpretados por la mente como si fueran lo mismo. Eso te define y tú lo defines. Es como si en tu mente o tu cuerpo se agregara un nuevo esquema o un nuevo órgano.

Resulta que te encantan los bolsos de Vuitton. Amplías tu «yo», lo recibes y le abres un espacio en tu mente y tu corazón. ¡Felicitaciones, ya eres parte de la familia Vuitton! Obviamente ellos también te abren las puertas. No es cualquier integración, te fusionaste. En esa ampliación de tu «yo» puede entrar cualquier cosa que te enganche o te ate, depende de ti. ¿Qué opinas? ¿Has tenido ese tipo de «integración»?

Si te necesito, dependo de ti, eso no es amor, es manipulación, es obtener un usufructo. Como decía antes, si formas parte de «mí», que es más fuerte que el «yo», de lo «mío», de lo que «me pertenece», no podré prescindir de tu existencia. Si te tocan, me tocan. Es el mecanismo de la posesión: «Eres mía» o «Eres mío». «Mi marido», «Mi esposa», «Mi casa», «Mi trabajo», «Mi familia». *Mi, mi, mi...* En toda esta complejidad, ¿dónde queda el amor propio? ¿Se divide en dos o tres o cuarenta nuevos integrantes de mi «yo» ampliado?

Una vez, un paciente me dijo: «Felicíteme, doctor, compré un Ferrari»». Le respondí: «¡Genial, le felicito!». Entonces me dijo: «Mi familia creció, ya tenemos un nuevo miembro». No lo decía en broma, así fue, como si se tratara de una mascota o un hijo adoptado. Si alguien tocaba su automóvil, se ponía en alerta, y si lo rayaban, era como si le hubiera pasado a él: «Yo soy *mi* Ferrari y él es "yo"!». Cuando ocurre algo así, comenzamos un idilio. Hay gente que tiene tantas cosas en su «yo» expandido, que ya no se encuentra a sí misma. Al estar regada tu identidad, te vuelves más frágil. Cuantas más cosas necesites, más vulnerable eres, porque se te puede hacer daño más fácilmente.

¿No es muy tonto que alguien te felicite por los zapatos que compraste y tú digas «gracias»? ¿Gracias por qué? No te dijeron que eres inteligente, ni que les agrada tu color de ojos, ¡elogiaron tus zapatos y de paso ensalzaron la marca! La única opción viable y digna que veo allí es dar las gracias de otra manera. Yo respondería, como lo he hecho muchas veces: «Zapatos, den las gracias, no sean maleducados». Mis zapatos no son «yo».

Revísate por dentro y por fuera: los pensamientos, las creencias y también el mundo en el cual habitas. Piensa de qué o de quién no eres capaz de prescindir. Y pregúntate: «Si las necesidades adictivas que tengo me arrastran, ¿qué pasa con mi amor propio?». ¿Se desvirtúa, se embolata o se encoje, a la espera de que lo vuelvan a activar? ¿No será que, tal

184

cual dice la canción, confundiste el norte con el sur, como la paloma?

El apego desorienta y te quita la posibilidad de que determines tu propia vida. Por el contrario, si poco a poco te vas dejando caer por el camino, irás tomando conciencia de cómo te limitan, te enferman y te alejan de lo que es importante para ti. Estas son las preguntas que debes intentar responder: ¿hacia dónde quieres ir?, ¿qué quieres hacer?, ¿cuál es tu vocación esencial?

Un ejercicio imaginario

Si empezáramos a quitarte cosas que te dan un sentido de pertenencia una a una, ¿qué quedaría que no se te pudiera retirar? Tu cédula, tu ropa, tu automóvil, tus estudios, tu esposa o esposo, tus hijos, tu empleo, tus amigos y amigas, tus éxitos, tu casa, tu celular... ¿Qué va quedando de ti? ¿Y si pudiera llevarte así, desnudo, a un lugar apartado en China, en la mitad de un monte y te dejara allí? ¿Quién serías en ese momento? Despojado de gran parte de tu «yo», de sus aditamentos, ¿qué quedaría? Quizás algunas cosas de tu mundo interior, muy propio e íntimo. Lo que hemos hecho es quitar los «yo», los «para mí», el «yo soy» materialista. Y es allí, en esa soledad total, donde descubres que aún permanece tu historia, tu amor propio, tus valores y tus principios. Tu humanidad sigue allí.

Abraza la impermanencia y empieza
a desapegarte

La *impermanencia* es un concepto central en el budismo que se refiere a la naturaleza transitoria de cada una de las cosas. Según esta enseñanza, todo en la existencia está en un constante cambio, desde los fenómenos físicos hasta las emociones y pensamientos. Esta idea se expresa a través de la noción de que nada es permanente y de que todo lo que nace crece, se deteriora y finalmente muere.

¡Parece tan obvio y es tan difícil asimilarlo! Es como si hubiera una resistencia a reconocerlo, lo enterramos en el olvido, lo negamos, lo intelectualizamos, lo ignoramos, en fin, vivimos como si este principio, evidente y verdadero, no existiera.

¿Que su significado es doloroso? Sí y no. La idea de que algún día tengas que despedirte de tus seres queridos para siempre genera un intenso dolor emocional con el cual debes cargar. Pero también debes de tener en cuenta que, si todo está en una constante trasformación, las experiencias negativas que producen sufrimiento también serán provisionales: todo tiene fecha de caducidad, lo bueno y lo malo.

Ensaya esto. Cuando se te haga difícil alcanzar una meta, no desesperes, la ansiedad te vuelve torpe. En vez de insultar, criticarte o hacer apología a tu incapacidad, háblate a ti mismo de otra manera. Sería más saludable decir: «Todavía no». Eso te indica varias cosas: reafirmar que te encuentras en un estado de transición, dejar en claro que no te das por vencido y que mantienes la esperanza. Es como si pensaras: «Hacia allá voy, en eso estoy». El «todavía no» muestra que estás en pleno proceso.

Las cosas van y vienen, y lo que existe se disuelve y muta. ¿Eres consciente de esto? Tu piel, tus órganos, tu sistema nervioso, tus creencias, tus relaciones, el clima, los ríos, la naturaleza, tus maneras de actuar, la vida misma, se alteran y renuevan. Quizás no te des cuenta debido a que las cosas pasan muy lentamente, aunque forman parte de esta realidad vibrante y dinámica. Entonces tú no eres el mismo momento a momento.

Si comprendes el concepto de *impermanencia* con profundidad y lo internalizas, como lo has hecho, por ejemplo, con la ley de la gravedad de Newton, será de gran ayuda para cultivar el desapego. No te empecines en que las personas y las cosas sean fijas e inmutables. Si tu pareja te dice de sopetón que ya no te ama, es posible que le respondas: «Pero cómo... Si me amabas...». Ella podría replicar: «¿Y? Sí te amé, pero ya no». Mutación afectiva. Sería inmaduro e ilógico afirmar: «Como me amabas, debes seguir haciéndolo».

Aceptar la impermanencia no significa que debas pensar obsesivamente en que todo lo conocido dejará de existir, sino que *estás listo para la pérdida* de la mejor manera posible, sea cual sea. Aferrarse a la «permanencia» te quita lucidez y tal como afirman los budistas, no incorporar la impermanencia es una forma de «ignorancia esencial». Debemos reconocer que la gran mayoría de los humanos padecemos de esta ignorancia.

Entonces, ¿qué pasaría si pudieras incorporar y hacer tuya esta idea de que todo está en permanente transición, te guste o no? El miedo a la pérdida disminuiría; si todo se va y deja de ser lo que es, ¿qué sentido tiene hacernos ilusiones con una durabilidad eterna que no existe? No es fácil, pero es lo que hay.

Para que reflexiones

La frase del poeta Horacio *carpe diem* significa «aprovecha el día». Por ejemplo, juega con tu mascota, mímala, disfruta ese afecto incondicional que te manifiesta, pero trata de estar preparado para la pérdida. Aprovecha el día, las horas, los minutos con ella. Dentro de ti debes mantener una filosofía del desprendimiento. Aprovecha el momento, el regalo de estar con los que amas y no dejar que las oportunidades de amarlos y demostrárselos se escapen por miedo a que no estarán siempre.

Aprender a renunciar nos acerca al amor propio

No te han enseñado a renunciar, a desprenderte, aunque te duela el alma. ¿Y si fuera por tu bienestar, tampoco lo harías? Si sufres de amigdalitis y te colocan una inyección de penicilina sin aplicarte ninguna sedación, dolerá mucho. Pero ¿sabes qué? Te cura la amigdalitis y evita consecuencias cardíacas. Te han preparado para que todo esté bajo tu control y que no existan los imposibles. Si para ti no hay imposibles, estás caminando en la cuerda floja de la frustración. Siempre los hay, a no ser que seas una persona con problemas psicológicos y te creas un superhéroe. Eso no te haría ver los propios límites, por lo tanto estarías permanentemente expuesto al peligro.

¿O será que reconocerlo te hace sentir débil o incapaz? Si eso es lo que te ocurre, tu amor propio anda mal y estás sobrexigiéndote. Recuerda que uno de los principios del pilar 2 es decir «no» al perfeccionismo y reconocer que somos falibles. Pero esto no es claudicar. Michael Jordan, el basquetbolista, afirmaba: «Puedo aceptar el fracaso, pero lo que no puedo aceptar es no intentarlo».

Estés de acuerdo o no, hay situaciones que escapan de tu control y se hace imposible conseguirlas. ¿Qué hacer entonces? Dejarlo ir. Adiós: «No le vienes bien a mi vida», «No se justifica» o «No soy capaz». Me sobrepasó. Y si no quiere irse, sácalo. Apela a tu amor propio y defiéndelo.

Cuando decides qué vale y qué no vale la pena, estás poniendo tu bienestar por encima del objetivo. No alimentes y cuides los apegos como si tuvieras que agradecerles algo, cuando es exactamente lo contrario. ¿Cómo vas a mantener y fortalecer el amor propio si tu interés principal está en cuidar a tus verdugos? Cada adicción emocional que te quites de encima liberará energía que podrás utilizar en tu favor.

El amor propio emancipado

«SOBRE MÍ DECIDO YO»

Significa que, desde hoy, vas a comprometerte contigo mismo a que te arriesgarás a tomar decisiones y asumir el control de tu propio destino. Como humano, tienes todos los requisitos para hacerlo, por eso algunos científicos sostienen que cada uno de nosotros somos «socios» de la evolución de la especie. Se trata de una «coevolución», por cuanto cada uno, en algún sentido, se crea a sí mismo. ¿Qué se necesita? Ganas, audacia, humildad y empoderamiento.

Quizás te implantaron la necesidad irreal de perseguir la «certeza» en cualquier elección que hagas. Una paciente que sufría de trastorno de pánico me decía: «Yo siempre busco el riesgo cero, quiero tener la certeza de que las cosas me salgan bien». Le respondí que ese tipo de seguridad radical no existe, y que la vida no es en blanco y negro, sino una curva de probabilidades, y agregué: «Según usted, ¿qué debería hacer alguien para lograr que sus decisiones sean ciento por ciento acertadas?». Ante el silencio de ella, agregué: «No hacer nada, ¿verdad?». Me respondió: «Sí, así es... En el fondo sé que no tendría que mover un dedo y tenerlo todo bajo mi control. Pero para colmo soy bastante ambiciosa e inquieta, quiero hacer cosas todo el tiempo». Le pregunté: «¿Cómo hace entonces? Un lado suyo teme equivocarse, mientras el otro la empuja a correr riesgos».

Estuvo pensando unos segundos y expresó con preocupación: «Estoy cayendo en la cuenta en este instante... Es verdad, estoy con un pie en el freno y el otro en el acelerador». El conflicto entre el impulso de actuar y el *debería* de no equivocarse la tenía atrapada. Lo que ella debía poner en práctica era arriesgarse a vivir como todo el mundo hace y entender que hay imponderables frente a los cuales no se puede hacer nada.

Nadie, fuera de ti mismo, puede decidir cómo tienes que pensar y sentir. En tu fuero interior, mandas exclusivamente tú. Si quieres hacer tuyo este principio, no se trata de hablar o explicar lo mismo hasta convencerte, sino de experimentar y actuar. Tírate al barro, métete el miedo en el bolsillo y destruye la cápsula de la comodidad en la cual estás metido. No te va a pasar nada, solo vas a vivir de manera más gratificante e intensa, te acercarás a tus emociones, y aprenderás a evaluar y conocer tu naturaleza de una forma distinta. Créeme: hay otro «yo» más sabio dentro de ti que pugna por salir, un «yo» al que le temen tú y la cultura que te rodea. Tienes que verte a ti mismo en acción, dejando a un lado lo dubitativo sin fundamento y quitar el freno de emergencia que te pusieron alguna vez. ¡Quítalo! No sabes el placer que se siente al apropiarte de tu ser y gritar como un loco: «¡Soy mi dueño, no me alquilo ni me vendo!». ¿Te parece muy arrogante? Pues depende de ti. No te creas especial, único, ni mejor que nadie, debes concentrarte en ser tú en estado puro, no importa cómo seas.

En psicología, la palabra técnica para describir a una persona segura de sí misma, que construye su futuro con valentía y dirige su vida, es *autodeterminación*: ser resuelto, tenaz y firme en cada respiración, en cada acción. ¿Qué caracteriza a las personas con autodeterminación? La independencia emocional y creer en ellas mismas. Su desarrollo es uno de los puntales más importantes del amor propio. Cualquiera lo puede lograr y tú también. ¿Recuerdas el apartado «Ponte a prueba»? Vuelve sobre él y repásalo nuevamente.

La metáfora del títere que se libera

Imagínate que eres una persona que está atada a cada apego con unas sogas que van desde su cuerpo hasta unas estacas clavadas en la tierra, que representan los apegos. Tu aspecto es el de un títere sujetado por todas partes. Apenas te puedes mover y en realidad tampoco quieres, porque sientes que, si te sueltas de esos anclajes, perderás el equilibrio y caerás. Sueles pensar: «¿Y si me olvidé de caminar?» o «No creo que pueda mantenerme en pie sin estos soportes». Consideras lo que cada amarre aporta a tu estabilidad, cuando lo que hacen es restringirte y paralizarte. Hace mucho tiempo que vives así, metido en una maraña de ataduras porque te dijeron que ese es tu deber y esa tu misión.

Percíbete envuelto de muchas de esas cuerdas de todo tipo, unas más delgadas y otras más gruesas. Si decides rebelarte, moverás tus piernas, tus brazos, tu cabeza, tu dorso, hasta irte soltando. Quedarán algunas más difíciles de cortar, pero ninguna es «irrompible» y siempre queda la opción de arrancar las estacas. Cuando empieces a soltarte no solo sentirás la misma alegría que genera en los animales mamíferos recuperar el movimiento, sino la expectativa de mirar dónde estás, qué te rodea y hacia dónde quieres ir. Las ilusiones y los sueños renacen, aunque durante un tiempo seguirá acompañándote el temor a lo desconocido, que será cada vez menor. Empezarás a disfrutar otra vez del placer de avanzar.

Tomas conciencia de que hubo veces en que fuiste tú mismo quien se ató a ellas. ¿La razón? El miedo a sufrir. Ahí tienes lo paradójico: **por evitar el sufrimiento a vivir, te sometiste al dolor de existir menos.** No olvides jamás que los apegos te venden la falsa promesa de que te sentirás seguro y serás feliz siendo su esclavo y ponen a tambalear tu autoaceptación incondicional. Tu amor propio te quiere libre.

«MI LIBERTAD ES PERSONAL E INTRANSFERIBLE»

La madeja de pensamientos dependientes actúa sobre ti, te seducen y bloquean, principalmente, tu libertad. Tu manera de pensar, sentir o actuar se descompagina. Cuando ellos toman el mando, tú te encadenas.

Te pregunto: Si tienes conciencia de lo absurdo, lo ilógico o lo peligroso de un comportamiento o una actitud que favorece al apego, ¿por qué sigues? Trata de responderte. Cuestiónate, pregúntatelo varias veces o cada vez que descubres que está naciendo un vínculo dañino. Apego y autonomía son opuestos. Insisto: uno te ata, el otro te hace libre.

Sentirse emancipado es sentirse digno. En esa soberanía que te da la independencia emocional es donde descubres, como una epifanía, que eres un agente causal de tu propia vida y que posees la competencia de actuar en armonía con tu «yo» real. Esa armonía ocurre cuando te conectas con tus convicciones más profundas: por eso es personal y por eso es intransferible.

Obviamente, esto no significa que podamos independizarnos radicalmente de los demás: precisamos al piloto de avión, al médico, a los artistas, el afecto de los otros, los que dictan las leyes, los maestros, el panadero, el taxista, y todo lo que implica estar en sociedad.

Entonces, ¿de qué libertad hablo? De la mental y la emocional. Pierdes esa libertad cuando no eres capaz de romper el lazo que te une a quien te ofrece placer, seguridad o un sentido de autorrealización, a cambio de tu amor propio y del autorrespeto. Muchas veces la prisión interior pesa más que cualquier cárcel exterior. Cuando estás atrapado por tus creencias, no podrás pensar con autonomía, serás como un ordenador que responde a su programación. ¿Has pensado qué existe en ti de manera auténtica? Haz la prueba y verás que te demorarás bastante para apenas acercarte a la respuesta. Cuanto más genuino seas, más libertad interior tendrás.

No digo que ser libre sea pasarte un semáforo en rojo o violar con desfachatez los derechos de alguien, sino que tengas en cuenta que puedes escapar de cualquier encierro mental. Cuando digas o pienses: «Te necesito para ser feliz»», ya te atraparon.

Un caso personal: el miedo a la libertad

Tú mandas sobre ti, como vimos antes. Sin embargo, el temor a ser totalmente libre existe. Yo lo experimenté en carne propia.

Llevaba un mes separado de mi primer matrimonio cuando una amiga me invitó a almorzar. Era un miércoles, el día en que yo no trabajaba por la tarde. Después de que termináramos de almorzar, ella me propuso que diéramos un paseo en automóvil por las montañas. Yo le dije que me parecía fantástico. Me levanté a pedir prestado el teléfono del restaurante y marqué a mi casa para avisar que me demoraría. A los pocos segundos caí en la cuenta de que no tenía que dar explicaciones a nadie. ¡Yo estaba viviendo solo! Colgué y empecé a sentir una especie de temblor en la boca del estómago. Reconocí que era producto del miedo. ¿A qué?, me pregunté. Y se disparó el siguiente pensamiento: «Ya no tengo nada que me limite. Puedo irme con alguien y no regresar nunca. Dejar de trabajar y abandonar a mis pacientes, no pagar mis deudas, irme a recorrer el mundo, en fin, lo que me dé la gana, sea correcto o no. No tengo nada externo que me contenga». Sentí que no había restricciones. El temor se hizo más intenso, porque entendí algo: yo era el único responsable de lo que quisiera hacer con mi tiempo y mi vida. Había asumido una independencia que se me había olvidado después de doce años de matrimonio y dos hijas. Entonces me dije: «No puedo perder el control, o mejor, debo tener autocontrol para no pasarme de la raya. Debo ser más cuidadoso que nunca». Finalmente, fuimos a pasear y poco a poco el miedo fue transformándose en una sensación agradable.

Lo que define la dirección de tu vida son los valores y no los apegos

Cuando escuchas que se habla de valores, es posible que sientas cierto fastidio porque lo asocias a «portarse bien» o a lo que deberías ser o hacer para convertirte en un «ciudadano ejemplar». Además, muchos recuerdan las interminables clases de ética y civismo en el bachillerato, donde te señalaban el camino de lo «bueno» y lo «malo» con una gran dosis de aburrimiento.

Aquí te mostraré otra visión. Una que asocia «tus valores» con aquello que define el norte en tu vida, con la energía vital de lo que para ti es realmente importante, es decir: para dónde quieres orientar tu vida y organizarla de acuerdo con un propósito.

Se trata de tus valores, no de los de los demás. Esos que han pasado inadvertidos y opacados por otras motivaciones que muchas veces no son ni han sido lo que realmente deseas. Perdiste el rumbo y quizás ni cuenta te has dado: ¡recupéralo! ¿A causa de qué han sido relegados? Entre otras cosas, porque nos han enseñado que el bienestar ajeno es más importante que el propio y que debes sacrificarte por hacer lo que la sociedad espera que hagas. Ese espíritu de sacrificio que hemos asumido ciegamente ha dejado tus preferencias más sentidas y tus sueños en segundo, tercer o cuarto plano.

Toma este principio y grábatelo: **las demás personas no son más valiosas o significativas que tú, tú eres tan valioso como los demás, por lo tanto, que sean tus principios los que manden en las decisiones vitales de tu vida y no los ajenos.**

Por ejemplo, querías estudiar música, esa era tu vocación, lo que te salía de las entrañas y lo hiciste a un lado porque no era una profesión que «dejara dinero». Tus padres te decían: «¿Acaso quieres ser como tu tío, que se la pasa tocando la guitarra en esos bares de mala muerte por unos centavos?». No fuiste capaz, pero te hubiera gustado responderles: «¡Pues claro, es mil veces más feliz que ustedes!». Estudiaste Administración de Empresas, una carrera muy respetable que solamente activa tu parte racional y no la emoción esencial de hacer aquello para lo que estás hecho. ¿Cómo sabes para qué estás hecho? Porque pagarías por hacerlo.

Pregúntate, ya, ahora: ¿pagarías por hacer lo que estás haciendo en la actualidad? ¿Lo harías gratis, si tuvieras suficiente dinero? No me refiero a un «me gusta», sino a la energía incontenible de la pasión. Cuando estás centrado en lo que es valioso para ti, la motivación te sale del alma, de cada célula, de cada gota de sudor. ¿Te ha pasado alguna vez que no sientes el esfuerzo y pierdes la noción del tiempo cuando estás metido en algo que te fascina hacer? En psicología se llama *fluir*. Y, sin embargo, en otras actividades que no se sincronizan con tus talentos naturales no haces más que refunfuñar por tu mala suerte o tu destino. Cuando asumes como propio algo que tu ser rechaza, no es que te duela, es que no te mueve.

No busques afuera lo que guía tu vida. No digo que desprecies todo lo que dicen los sabios o los maestros, sino que te orientes más por los principios y las cualidades fundamentales que te empujan desde dentro. Los mismos que les dan sentido a tus acciones y son compatibles con tu manera de ser. Insisto: lo que es verdaderamente importante para ti en distintas áreas de tu vida.

Además de las vocaciones, también es importante tener en cuenta el modo de comportarte en general. Por ejemplo, supongamos que un valor clave para ti es la justicia. ¿Cómo te das cuenta? Porque cuando ves que se comete una injustica con alguien o contigo mismo, te genera un profundo malestar que no puedes disimular. Cuando estás en situaciones de «injusticia» te retuerces por dentro.

Si te hubieras conectado con tu valor de justicia, sabrías para dónde vas y qué cosas no deberías negociar. Yo sé que una coherencia interna absoluta no puede existir, porque sería rigidez. Pero si no tienes lucidez sobre esto, andarás sin rumbo o en círculos. Una vida que merece ser vivida, como decía Séneca, requiere de una orientación consciente hacia aquello que es vital para ti. Y cuando lo hagas, sentirás una paz interior que nunca habías imaginado que pudiera existir.

Recuerda que los valores a los que me refiero son los que has ido recogiendo tú mismo a lo largo de la vida, a lo que has visto en el mundo y en tus experiencias. Los valores son abstractos y solo indican un rumbo hacia donde ir. No tienen un final concreto, son procesos vivos que nos señalan un camino. El problema es que todo se nos enreda a veces y no sabemos para dónde vamos o nos metemos por el camino equivocado: pensamos una cosa, sentimos otra y hacemos una totalmente distinta. Yo llamo a esto *caos existencial.*

Si pudieras elegir la vida que te gustaría vivir, ¿cómo sería? ¿Adónde te llevaría? ¿Qué tan acorde está ese anhelo con lo que haces hoy? Trata de responder estas preguntas y verás que no te resultará fácil. Es más, en ocasiones, cuando hago este ejercicio con mis pacientes, se quedan con la mente en blanco. Lo que les produce es puro asombro. La mayoría no tiene idea de qué vida quisiera o hace hincapié en cosas secundarias y superfluas. Y cuando les pregunta qué pasó, te responden: «No tengo ni idea, nunca me había hecho esta pregunta en serio». Si no sabes cuál es tu auténtico norte, estás perdido, estás bajo la obnubilación que produce el pensamiento automático. Hacerte esas preguntas de verdad suele producir un temor inesperado. ¿Nunca te ha pasado que de pronto te quedas como petrificado y te dices: «Qué diablos hago aquí»?

El amor propio se fortalece si estás en la existencia que deseas y se debilita si tu confusión te llevó a lugares que nada tienen que ver con tu autorrealización. Cuando empieces a vivir acorde con tus valores todo trascurrirá más fácil. Es como si hasta ahora hubieras llevado en tus hombros una mochila repleta de ladrillos, te acostumbraste a su peso, como suele pasarle a todo el mundo. Pero si te la quitas, la sensación es la de estar volando.

Podrías preguntarte: «¿Y si esos "valores" tuvieran consecuencias negativas para mí o para otros?». Pues no te sirven. Tal como he sugerido, se trata de valoraciones y preferencias que le vienen bien a tu vida, a tu salud mental y bienestar: *son virtuosas*. Buscan tu mejoría, tu crecimiento y el desarrollo de tu potencial humano y el de los demás. Son creencias o convicciones personales sobre lo que es importante, pero también de lo que es deseable en la vida.

Cuando estás acoplado a tus valores y comprometido con ellos, en esa senda que no tiene fin, el dolor o sufrimiento tendrá un significado, estará al servicio de lo que consideras relevante y de tus más sentidos anhelos.

> **Para que reflexiones**
>
> Comte-Sponville dice al respecto: «La virtud de un ser es lo que constituye su valor, es decir, su excelencia particular». Una persona virtuosa es la que se comporta de acuerdo con un valor que genera excelencia para la vida, que inspira fines nobles y no destructivos. Por ejemplo, no puedes decir que alguien es un virtuoso del asesinato, pero sí que es un virtuoso del violín. Se trata de lo que está a favor de la vida y no en su contra. Lo que atenta contra la humanidad son antivalores.

Haz un listado de tus valores

Mucha gente me pregunta: «¿Y cómo sé cuáles son mis valores?». Veamos tres maneras de llevar a cabo un listado de valores para que te identifiques con alguno de ellos.

Un primer intento es que busques **listas que aparezcan en distintos libros, en bibliotecas o páginas especializadas de internet, solo como una aproximación.** A continuación, aparecen algunos ejemplos de valores que suelen ser importantes para muchas personas, y en qué consistiría el no cumplimiento de los mismos. Trata de percibir cuánto te molesta que no se cumplan.

- *Honestidad:* ser sincero y trasparente. El incumplimiento se manifiesta en forma de engaños o manipulación de la verdad.

- *Respeto:* tratar a los demás con consideración. El incumplimiento ocurre cuando se utiliza para justificar el autoritarismo o la falta de empatía.
- *Responsabilidad:* cumplir con los deberes y las obligaciones. El incumplimiento incluye la evasión de responsabilidades o la carga excesiva sobre otros.
- *Justicia:* tratar a todos con equidad. El incumplimiento aparece cuando se aplica de forma inconsistente o se usa para imponer normas injustas.
- *Compasión:* mostrar empatía y cuidado por los demás. El incumplimiento surge si la compasión se convierte en manipulación emocional.
- *Libertad:* valorar la autonomía personal. El incumplimiento sucede cuando la libertad de uno se usa para infringir los derechos o las libertades de otros.
- *Lealtad:* ser fiel a personas o principios. El incumplimiento se presenta cuando la lealtad se convierte en una excusa para justificar acciones inmorales o dañinas.
- *Integridad:* mantener la coherencia entre valores y acciones. El incumplimiento se evidencia cuando se ocultan o distorsionan principios para obtener beneficios personales.

Una segunda exploración se centra en **revisar tus valores.** No evalúes ni juzgues sus expresiones, solo déjalos entrar en tu mente, sin filtros, y observa si alguno te impacta. Cito algunos ejemplos de lo que suelen decir mis pacientes cuando se toca este tema, expresados como deseos:

- «Deseo ayudar al bienestar de los animales».
- «Deseo ser un padre afectuoso o una madre afectuosa, y que mis hijos salgan adelante».
- «Deseo ser una buena pareja de la persona que amo y estar allí cuando me necesite».
- «Deseo tener una vida espiritual significativa y sentir que formo parte del universo».
- «Deseo ser cada día mejor y enfrentar los retos de la vida con valentía».
- «Deseo tener una vida saludable, mental y físicamente».
- «Deseo que el planeta esté limpio y bien cuidado».
- «Deseo proteger a los necesitados».
- «Deseo ser un militar para poner la fuerza al servicio del pueblo».
- «Deseo tener conocimientos científicos y trasmitírselos a otras personas».
- «Deseo estar en política para poder cambiar la sociedad y hacerla más justa».
- «Deseo proteger a los más débiles y desamparados de alguna manera».

Una tercera aproximación es lo que preguntan los **cuestionarios sobre valores realizados en psicología.** Por ejemplo, el cuestionario VLG, que incluye el doctor Steven Hayes en su libro *Una mente liberada*.* Estos son los pasos.

Primero, valora la importancia de cada área del 1 al 10:

- Familia (ni pareja ni hijos).
- Pareja, relaciones íntimas.
- Cuidado de hijos.
- Amigos, vida social.
- Trabajo.
- Educación/formación.
- Ocio/diversión.
- Espiritualidad.
- Ciudadanía/vida comunitaria.
- Cuidado físico (dieta, ejercicio y descanso).
- Cuestiones medioambientales.
- Arte, expresión creativa y estética.

Luego de que evalúes la importancia de cada valor del 1 al 10, coloca al lado —en otro color o con otro tipo de letra—, también puntuando del 1 al 10, qué tan coherentes han sido tus acciones respecto a tus valores en la última semana (1: muy incoherente; 10: muy coherente). Analiza qué coincidencias hay.

En tercer lugar, compara la importancia que dices que tienen esos valores para ti con cuánto tiempo o

---

* Hayes (2020). Barcelona, Paidós.

esfuerzo le dedicas a cada uno en tu vida real. Saca tus conclusiones de manera cualitativa.

Piensa en lo siguiente: cada vez que defiendes un valor que para ti sea vital, te empoderas de ti mismo y se fortalece el amor propio. Cada vez que lo haces, tu vida adquiere más sentido. Es posible que hasta el momento hayas sido como una especie de licuadora con cortocircuito. Caos improductivo, en vez de direccionalidad consciente y voluntaria...

Los valores también pueden verse como la visión del mundo que se va conformando en cada etapa de tu vida, nunca se acaba, simplemente porque la realidad nunca es definitiva. **Estás metido en el epicentro de la historia de la existencia humana. ¿Comprendes lo que eso significa? No eres un observador imparcial, sino un participante, eres actor y no espectador de la humanidad a la que perteneces.**

Aprende a rastrear y leer las señales que te conducen a los valores

Una manera de aprender a detectar tus valores es tratar de desentrañar los rastros que dejan en ti un sinnúmero de experiencias que suelen pasar desapercibidas por tu mente. Los valores te hablan, te muestran y direccionan tu existencia: no lo dudes, abrázate a ellos. Veamos dos formas de explorar en tu interior para identificarlos y ponerlos en marcha.

Adentrarse en los recuerdos agradables, especiales o trascendentes

Lo que te propongo es que traigas a tu mente los eventos distintivos, singulares o excepcionales que te hayan generado placer intenso, tranquilidad profunda, pasión, interés, encanto o curiosidad, entre otras cosas. Aquello que generó en ti una especie de terremoto positivo y alegre.

En este ejercicio, una paciente recordó que cuando tenía doce años estuvo en la finca de un pariente que tenía muchos caballos. Cuando hizo contacto con esas imágenes mentales, lo primero que evocó fue el olor de los establos. Luego, poco a poco se fueron acumulando sensaciones, como cuando acarició por primera vez el lomo de un pequeño caballo y cuando percibió que el animal lo agradecía. Otra experiencia que recordó fue una mañana temprano, cuando ella estaba sentada en la cerca de un corral y se le acercó un potro gris y se quedó mirándola. Por sus fosas nasales salía el vapor que originaba el frío. Contó que ambos se miraron a los ojos durante un largo minuto o dos. En sus palabras: «Yo pude detectar allí, doctor, toda la fuerza de la naturaleza». Le pregunté: «¿Sintió algo más?». Y me respondió emocionada: «Que éramos lo mismo, dos seres vivos». Llegó a mi mente lo que decía el filósofo **Alan Watts, basado en algunas creencias procedentes de la India. Reproduzco de memoria: el universo creó la vida con el don de la autoconciencia porque quería verse a sí mismo, por**

eso, cada vez que te autobservas, el universo se regodea, y cuando dos personas se miran, también es el universo que se mira a sí mismo.

Mi paciente sintió algo parecido. En el trascurso de su vida siempre tuvo que ver con árboles, a los que amaba y rendía culto como hacían los celtas. Así fueron surgiendo anécdotas sobre su relación con perros, gatos, peces y otros animales. Le brillaban los ojos cuando las relataba. Había estudiado Medicina y en la universidad se convirtió en una defensora de los derechos de los animales y una activista contra los peligros del cambio climático. Su motivo de consulta fue «No sé qué me pasa, no me desagrada la medicina.... Me gusta... Pero siento que no me completa. Estoy felizmente casada y tengo dos hijos hermosos y, no sé, no hay motivos para sentirme así... Me levanto muy cansada por la mañana y me cuesta ir al hospital... Me siento desorientada...». No dormía bien, estaba tensa casi todo el día, había empezado a tener síntomas depresivos y, lo más importante, cada día estaba más convencida de que no le encontraba sentido a su vida.

Como puedes ver, el recordatorio de cosas buenas te acercará a experiencias que contienen lo que fue y es aún relevante, así te active sentimientos negativos que se mezclen con los positivos. Mi paciente había abandonado sus valores más sentidos por la medicina. Tenía treinta y nueve años, y yo tenía la sensación de estar hablando con una mujer muy mayor. Cuando le pregunté qué le hubiera gustado estudiar, me dijo: «Veterinaria».

A los tres meses de terapia, así lo hizo. Su esencia dejó en claro que debía estar cerca de la naturaleza y los animales, amarlos y defenderlos. Ningún miembro de la familia estuvo de acuerdo con el cambio de «profesión», ya que consideraban la veterinaria como un subproducto de la medicina.

De tanto en tanto, cuando tengas unos minutos, pon a volar tu mente y llévala hacia los lugares que te inspiraban o donde aún añoras volver o vivir. Quédate allí un rato y regresa todas las veces que quieras, aunque te dé nostalgia por lo que podría haber sido y no fue. Interrógate: ¿Qué te gustaba? ¿Qué sentías? ¿Te agradaría estar de nuevo en contacto con aquello? ¿Había sosiego o alegría? ¿Te sentías mejor persona, más plena? ¿Experimentabas algún tipo de pasión o entusiasmo? Lleva un diario de esos instantes o períodos pasados a medida que los recuerdes. Cuantos más escribas, más fácil será encontrar algo que realmente sea valioso para ti. El paso que sigue es hacerte una pregunta que te confrontará intensamente: «¿Voy en esa dirección?».

En cierta ocasión, un psicólogo vino a mi cita. Tuve la impresión de que él ya sabía la respuesta a sus inquietudes, pero quería confirmarla: no vino porque estaba mal, sino a «pedir permiso». Me dijo: «Yo estudié Psicología no sé por qué. Siempre me ha gustado moverme, saltar, los deportes, el sol, y me paso el día sentado viendo pacientes, quieto y a la sombra. Intenté ser psicólogo deportivo y aunque mejoró un poco, no tengo la libertad que busco». Estaba todo dicho. Tuve muy pocas citas con él. Al cabo de unos años, volvió. Me contó que era profesor de Educación Física en varios colegios de enseñanza secundaria. Su rostro estaba pleno de felicidad. Como cuando la expresión de alguien te dice sin hablar: «¡Di en el clavo!».

De todo esto puedes sacar una conclusión interesante, para encontrar lo que es significativo en tu vida: debes vencer el miedo al cambio. Obviamente, no siempre es fácil y hay costos que son difíciles de asumir, pero si no lo intentas, como suelen decir, siempre te faltarán cinco centavos para el peso.

MUCHAS VECES EL SUFRIMIENTO ES LA SEÑAL DE UN VALOR OCULTO

El dolor psicológico es información que te alerta sobre algo que no te funciona en el plano mental. No lo evites de inmediato. Aprende a ver qué te quiere decir. Si algo te molesta, quizás esa molestia te esté indicando que hay alguna cosa que es importante para ti y por eso sufres. Por ejemplo, supongamos que no soportas ver a los ancianos pedir limosna. Algo parecido te ocurre con los jóvenes descarriados o los niños maltratados. Te parten el alma. Todos estos acontecimientos que te perturban tan profundamente podrían estar señalando que un valor fundamental para ti sea la ayuda a los más necesitados.

Otro ejemplo. Recuerdo a un paciente que se percibía a sí mismo como una persona hipersensible, ya que le emocionaban mucho algunas películas y terminaba llorando. Luego caía en un estado de tristeza y de vacío. No lo hacía en público, porque tenía fama de ser un hombre fuerte y quería mantener esa imagen. Pero cuando estaba a solas frente a ese tipo de programas, andaba de pañuelo en mano. Me dediqué a estudiar los contenidos de las cintas que lo conmovían. Después de unos días encontramos que el 95 % de esos filmes emotivos tenían que ver con algún personaje que se dedicaba a proteger a los más débiles o a su propia familia cuando esta era amenazada. No eran las series de Marvel, era gente sin superpoderes que ayudaba a otra más débil, ya sea como vigilante, vengador o protector. Esa emoción que le embargaba llegaba desde lo más profundo de su ADN.

Al ahondar en algunas entrevistas, quedaba claro que su deseo consistía en ser protegido, defendido, consentido y amado, y hacer lo mismo con los demás. Lo que lo movía no era la debilidad o la inseguridad de enfrentar la vida. Una vez que entendió la dirección que le mostraban sus valores, estableció relaciones con personas que se acoplaban a su sentir y fue perdiendo el miedo a mostrar sus sentimientos en público. Amar y ser amado en libertad fue su consigna, el rescate de su valor olvidado. La imagen de fortachón la tiró a la basura y comenzó a no reprimir sus emociones. Su profesión era ingeniero en textiles, y tenía cincuenta y ocho años.

No tienes precio, vales

Cuando Martin Luther King lideró la Marcha sobre Washington por el Empleo y la Libertad, ¿qué habrá sentido en su fuero más íntimo? Esta manifestación histórica tuvo lugar el 28 de agosto de 1963 y es famosa, entre otras cosas, por su discurso «Yo tuve un sueño», que pronunció durante el evento. Esta movilización fue de las mayores demostraciones a favor de los derechos civiles en Estados Unidos y abordó varios temas, incluidos los de la segregación racial, la igualdad de empleo y la justicia social. Estoy seguro de que, además de estar guiado por sus convicciones y principios, en algún lugar de su corazón debió haber existido algo de indignación, o mucha.

Es claro que, si sueles indignarte en situaciones en que tú o alguien sufre injustamente, probablemente tu valor te indica el camino de la defensa de los derechos humanos. Otros valores también pueden indicarte la misma dirección, aun así, no le temas a aquella indignación que no es ni ciega ni compulsiva: **la indignación saludable es la energía básica que te lleva a la autoafirmación y a sentar un precedente a favor de la dignidad.**

En realidad, tú no tienes precio, vales. Esta diferencia te lleva al núcleo duro de tu dignidad. Desde los griegos —y especialmente con los estoicos—, la consideración de que el ser humano no es una mercancía ha sido discutida en diversos ámbitos y momentos históricos.

Piensa: ¿hay alguien hoy que te humilla, te explota, te cosifica, te manipula y te resignas a ello? Si la respuesta es sí, debes levantar la cabeza, buscar la ayuda que sea y romper ese vínculo de dominancia/sumisión.

Precio significa «cantidad que se paga por un bien o un servicio»: es una *transacción comercial*. Aunque estemos en el siglo XXI, en diversos sentidos y formas, aún puedes comprar a personas de manera amañada. Por otra parte, como ya sabes, el valor de una persona se refiere a su dignidad, es decir: a su *importancia intrínseca*. Tú tienes un valor esencial e inalienable no por lo que *posees*, sino por lo que *eres*. En otras palabras: **este «atributo esencial» no lo obtienes por el poder, la fama, el prestigio, los bienes materiales, la belleza o el dinero, está inmerso en ti porque eres humano y estás vivo: está contigo desde que naces.**

Si tienes precio, estás en venta. Si te reafirmas en el valor de tu humanidad, tienes dignidad y no estás en venta. Si sientes que te están «comprando», no te degrades, di que no. Dejarte seducir por un «ofrecimiento contaminado» abrirá una puerta que es muy difícil volver a cerrar. ¿Negarte a transar con tus valores puede tener consecuencias negativas? Es posible que las haya. Eres tú quien tienes que decidir, es tu potestad.

Para que reflexiones

Lee con cuidado lo siguiente las veces que sea necesario. Quita la pereza: uno nunca sabe en qué momento un mensaje hará clic en nuestra cabeza.

En el libro II de las *Disertaciones por Arriano,* encontramos el siguiente caso en que Epicteto responde a una supuesta pregunta de alguien, posiblemente un esclavo, que no quiere sostener el orinal donde su amo hace sus necesidades. Las tareas relacionadas con la higiene personal de los amos eran parte de las muchas responsabilidades que enfrentaban las personas esclavizadas. En palabras de Epícteto:

«Para juzgar lo razonable y lo irracional, cada uno de nosotros se sirve no solo del valor de las cosas externas, sino también de nuestra propia dignidad personal; para uno será razonable sostener el orinal, teniendo en cuenta simplemente esto: que, si no lo sostiene, recibirá golpes y no recibirá comida, mientras que, si lo sostiene, no padecerá crueldades ni sufrimientos. Así que si me preguntas: "¿He de sostener el orinal o no?", te diré que más vale recibir alimentos que no recibirlos, y que menos vale recibir golpes que no recibirlos, de modo que, si mides tu interés con esos parámetros, ve y sostenlo.

»Pero ¡darte este consejo no sería digno de mí! **Eres tú quien ha de examinarlo, no yo. Eres tú quien te conoces a ti mismo, quien sabe cuánto vale para sí mismo y en cuánto se vende; cada uno se vende a un precio».**

> Entonces, de ti depende si quieres negociar con tus convicciones y hasta dónde llegas. Pienso que, si Epicteto tiene razón y todos tenemos un precio, deberíamos saber con certeza cuál es para alejarnos de la tentación cuando se estén acercando a esa cantidad.

Apegos versus valores: lo esencial

Los apegos te quitan autorrespeto, los valores te empujan hacia la autorrealización. Los primeros te esclavizan, los segundos te liberan. Dos fuerzas opuestas en constante enfrentamiento.

Los apegos te inmovilizan o te hacen andar en círculos y te llevan a la ansiedad y la depresión; los valores te indican el sentido y la direccionalidad de lo que es importante para ti, hacia dónde debes ir para tener una buena calidad de vida.

Cada vez que dejas caer o superas un apego, automáticamente tu mente se pregunta por el propósito de tu vida: «Ya soy libre, ¿ahora qué hago?». Al ampliar tu horizonte, los valores ya están disponibles para darle sentido y orientación en tu día a día.

En algún momento de tu existencia te confundiste y lo que era tu vocación esencial o tu pasión fundamental quedó enredada en intereses más mundanos y poco reforzantes para ti. Quizás sacrificaste tu sentido de realización personal por algún mal consejo o una ambición que no supiste manejar. Pregúntate para qué estás hecho. Todos tenemos preferencias, requisitos fundamentales o cualidades deseables que anhelamos alcanzar u obtener. El apego te lleva a tener pesadillas; los valores, a soñar.

Ahora bien, no hay nada que se oponga más a un amor propio saludable que depender de algo o alguien. Cuando ocurre esto, los primeros que se contraen son tu dignidad y tu autorrespeto. Como dije antes, no dejarás de amarte, pero no será tan fácil admirar tus propios comportamientos o sentirte orgulloso de ti mismo. Si te amas, querrás lo mejor para ti, no te agradará sentir que la adicción, con o sin drogas, te domina. No negocies con lo que debería ser innegociable para ti.

PILAR 6

CAMBIA TU NARRATIVA Y RESCRIBE UNA HISTORIA PERSONAL QUE FORTALEZCA EL AMOR PROPIO

No permitas que el pasado te condene

Desde pequeños, nos han enseñado que el pasado ejerce sobre nosotros una influencia categórica e inmodificable, especialmente cuando se trata de cuestiones negativas. Por medio de distintas consignas, que repites como un mantra, has creado una trama que afecta a tu amor propio y tu calidad de vida. Por ejemplo: «Los errores pasados me persiguen», «El ayer me limita», «Las huellas del pasado me marcan», «Lo vivido me atará siempre», y muchas más. Piensa que, si estos mensajes te los vienes diciendo desde hace años, te has lavado el cerebro tú mismo. Has creado un sesgo o un canal, cada vez más acentuado, por donde tus pensamientos transitarán siguiendo el mismo guion general: «El pasado me condena». De una manera u otra, la historia personal del «yo» y el amor propio salen mal parados. Esta visión pesimista de cómo llegaste a ser quien eres te quita la posibilidad de dirigir tu vida libremente.

Cuando no te amas a ti mismo, consideras tu historia personal como un enemigo tétrico y oscuro dispuesto a volverte infeliz. ¿Te ha pasado alguna vez que quisieras sacudírtela o que algún amable neurólogo te genere amnesia de ciertas cosas? Si es así, ¿por qué razón te concentras tanto en los aspectos desfavorables, adversos y dolorosos de épocas anteriores? ¿Qué pasó con las experiencias amables o positivas de antaño? Es imposible que no las hayas tenido. Un enunciado para que lo tengas presente: **el pasado no te condena, te enseña, si te acercas a él de una manera equilibrada y realista.**

¿Te has puesto pensar que el hoy es el pasado de mañana? Lo cual significa que, si modificas tus creencias o acciones en el presente, modificarás tu futuro, y cuando estés en ese futuro, tu pasado no será el mismo de siempre. Pero no es suficiente, ¿cierto? No te convence. Así sea una enorme verdad, tienes metido hasta la médula que nada puede hacerse frente a la influencia irreversible del ayer. Te dices a ti mismo que jamás podrás cambiar tu manera de ser. La conclusión es nefasta: «Estoy predestinado».

Si te avergüenzas de ser como eres, no te gustas, te sientes inseguro, desconectado de la gente y no le encuentras sentido a casi nada, seguirás la tendencia en la que te han adiestrado: el primer sospechoso será el pasado y allí concentrarás tus esfuerzos, tu rencor y tu hostilidad. El pesimismo por lo general te lleva a un callejón sin salida.

Limpia tu mente del ayer que te impide amarte a ti mismo, tómalo en serio, como tarea vital: quita lo que tengas que quitar, resuelve lo que tengas que resolver y revisa tu historia. Date el beneficio de la duda: si no te gusta cómo eres y te desprecias, ¿no es posible que hayas alimentado un pasado autodestructivo?

Imagínate que pudieras entrar en tu memoria y encontraras el amor propio metido en una maraña de problemas que llevan años allí empolvados, pero siguen vivos. Piensa que pudieras ver las heridas que te infligieron, cuándo se originaron, de dónde provienen y qué las mantiene. No debes soportar esto, no tiene sentido arrastrar esas cargas emocionales.

Lo que te dejará atónito es que muchos de esos traumatismos o lesiones fueron alimentados por ti mismo y no lo sabías. El cambio es empezar a soltar las amarras que te lastiman y hacen que te hundas en una visión negativa de ti mismo, que no mereces. Cuando dejes los recuerdos falsos y te quedes con lo que verdaderamente fue, sin irrespetarte ni tratarte mal, te harás amigo de tu pasado y aprenderás a disfrutarlo en vez de padecerlo.

Lleva la siguiente premisa contigo y ponla en práctica: nos aferramos a los recuerdos como si nos definieran, pero no es así: las que nos definen son nuestras acciones.

El determinismo negativo te quita autonomía y debilita el amor propio

Albert Ellis denomina *influencia del pasado* a la creencia irracional número nueve de su decálogo, y la define de la siguiente manera: «La idea de que la historia pasada de uno es un determinante decisivo de la conducta actual y que algo que ocurrió alguna vez y lo conmocionó debe seguir afectándolo indefinidamente».

Si te ves identificado con esta premisa, vas mal. Piensa por un segundo en los efectos negativos que puede tener sobre tu persona creer que lo que hiciste alguna vez te determinará para siempre. Es absurdo pensarlo y, sin embargo, igual aplicamos esta idea a nuestras vidas. Y un dato importante: las investigaciones realizadas en psicología muestran de manera fehaciente que esta manera de pensar promueve la depresión y le quita sentido a tu vida. Recuerda el refrán liberador que dice: «No hay mal que dure cien años, ni cuerpo que lo resista». Aplícalo, que no es otra cosa que sabiduría viva.

¿Qué elegirías de estas dos opciones?: «Es imposible cambiar, el pasado no me deja» o «Debido a lo que viví en el pasado, no será fácil proyectarme al futuro, pero trataré de hacerlo con todas mis fuerzas». ¿Con cuál te quedas? ¿Con el estancamiento que produce la «imposibilidad» de salir adelante debido a lo que ocurrió o con la esperanza de que desprenderse de la influencia del pasado es posible? Con la segunda, ¿verdad? Nadie quiere quedarse congelado a mitad del camino.

Los traumas existen, pero también existen formas y terapias efectivas, como la gestáltica o la cognitivo-conductual, que no intervienen para borrar el recuerdo, sino para que los recuerdos duelan menos, no incapaciten y no interfieran con el desarrollo de una vida plena y saludable. Explorar tu pasado de manera sistemática y sin sesgos creará la opción de integrar lo bueno, lo malo, lo feo y lo bello que viviste, todo, en una historia del «yo» completa y constructiva.

No obstante, debes tener en cuenta que, si empiezas a bucear en ti mismo siendo una persona depresiva, con ansiedad generalizada, trastorno obsesivo o con síndrome de estrés postraumático (SEP), entre otras alteraciones, es posible que te pierdas por el camino. Si padeces algunos de estos trastornos, debes pedir ayuda profesional.

Para que reflexiones

La palabra *determinismo* proviene del latín *determinare*, que significa «marcar límites» o «definir». ¿Dónde quedan el cambio y la trasformación constantes, si aquello que ocurrió nos limita o define y es inmodificable? No caigas en un fatalismo hacia atrás. Repito: el sujeto que padece de esta creencia irracional está convencido de que nada puede hacer para evitar que un incidente negativo, originado hace años, le haga daño. Esta manera de pensar es un culto a la resignación y te hará sentir una víctima.

Las viejas soluciones no siempre sirven

Una de las consecuencias de quedarse fijado en el pasado es que aplicarás soluciones antiguas a los problemas actuales. Si ya lo sabes, si ya lo has intentado infinidad de veces y nada cambia, entonces, ¿por qué insistes? Reconócelo, te quedaste anclado en las viejas épocas tratando de resolver las dificultades de hoy. ¿Te da miedo innovar o no sabes? Recuerda que el fijismo es una teoría que niega la evolución.

Supongamos el siguiente caso. Tuviste unos padres estrictos y maltratadores, y la única opción que te permitió sobrevivir en ese ambiente fue el sometimiento: «Sí, señor», «Sí, señora», «Perdóname, papá, te juro que no volveré a llorar, pero ya no me pegues», «Perdóname, mamá, no volveré a olvidarme de hacer la cama, pero no me prohíbas ver a mis amigas», y cosas por el estilo. En ese entorno hostil y predador, el acatamiento a las reglas impuestas sin chistar y la sumisión fueron adaptativos, te sirvieron. ¿Qué más podía hacer una criatura indefensa? Y ahora, después de veinticinco años (¡un cuarto de siglo!), sigues siendo una persona sumisa, no solo ante sujetos autoritarios, sino ante todo el mundo, porque lo generalizaste.

Pero presta atención a lo siguiente: en el contexto actual de tu vida, a diferencia de lo que ocurría en otra época, la subordinación indiscriminada es «desadaptativa». Hoy en día el sometimiento no te salva, te degrada, te enferma y aporrea tu amor propio. Y, aun así, te empeñas en seguir actuando como si el tiempo se hubiera detenido.

> **Para que reflexiones**
>
> Recuerdo un relato que hablaba de un tigre que había pasado varios años en una jaula que apenas le permitía ir de una punta a otra. El animal todo el tiempo se estaba en movimiento de aquí para allá, haciendo la misma ruta. Iba hasta un extremo y volvía. Un día decidieron sacarlo y soltarlo en su medio natural. Para sorpresa de todos, cuando lo bajaron en un hermoso escampado para que incursionara en su medio natural, no lo hizo. Al principio miró el lugar y respiró el aire limpio y, como si estuviera pagando una condena eterna, siguió caminando de la misma forma que lo hacía en la celda, recorriendo ida y vuelta el espacio exacto que le permitía la jaula donde había estado. Su cárcel la llevaba en la mente.

La memoria no es una fotografía exacta de lo sucedido

Nadie les quita importancia al pasado y a su influencia en nuestras vidas, sería absurdo negarla. Pero al menos, acéptame que en algo has contribuido desde que se produjo el evento adverso: quizás sin darte cuenta, reforzabas y alimentabas la memoria de ese hecho.

Si te han dicho siempre que eres muy antipático y descortés con la gente porque no sabes ponerte en el lugar de los demás, el tirano interior lo toma, le da forma y te lo entrega resumido, editado y etiquetado, para que te lo digas a ti mismo. Cuando aceptas el guion que se te ofrece sin chistar, se abre un canal de comunicación directo con tu pasado, por donde se cuelan relatos, cuentos y leyendas, historias y hechos de cómo llegaste a ser tan insoportablemente antipático e insensible con los demás.

Si le crees al rótulo que te instalaron, esa será la descripción que utilizarás para «explicar» muchas de las cosas que te ocurrieron. La trampa perfecta. Vuelvo y te pregunto: ¿y si esa historia personal de tu «yo» fuera inacabada, errónea o sesgada?

La memoria no es un simple reservorio donde se acumulan datos, es muchísimo más que una máquina inteligente. Ella tiene vocación de artista: crea, recrea, inventa y trasforma acontecimientos y vivencias pasadas. Embellece o afea las circunstancias y a las personas. En la memoria a largo plazo se desarrolla una actividad incesante de establecer vínculos y correlaciones entre los hechos que fueron almacenados, algunos verdaderos y otros inexistentes o modificados para llenar vacíos de información. Esta es una de las formas en que nacen los falsos recuerdos, que tanto interesan a la psicología forense.

Un caso personal

Yo siempre recordaba el departamento de Buenos Aires donde viví desde que llegué de Nápoles como una especie de palacio. Era el último piso de un edificio frente a una plaza, y tenía una terraza enorme, donde hasta jugábamos fútbol. Después de casi treinta años, pude volver al lugar. Les pedí a los que allí vivían que me dieran la oportunidad de ingresar y amablemente accedieron. Pero apenas traspasé la entrada, me di cuenta de que mis recuerdos habían agrandado todo y mejorado otro tanto. Los sitios eran muy pequeños, la «terraza» era una miniterraza y no sé cómo jugábamos fútbol allí. El piso se mantenía bastante bien, pero no eran los acabados ni el tamaño que tenía en mi mente. La habitación donde dormía con mis hermanas parecía un ascensor amplio. Recordé que los tres dormíamos en una cama de tres niveles, que había construido un tío carpintero. En la cocina no cabía una mesa y mi mente durante años no hizo más que traerme remembranzas de lo bien que la pasábamos todos sentados en aquel lugar viendo a mi madre preparar ravioles. La puerta de entrada me la imaginaba más elegante e imponente. Cosa que descarté de inmediato cuando tuve que agachar un poco la cabeza para poder entrar al departamento. En fin, ya afuera, me senté en un banco de la plaza a pensar. No me sentía decepcionado, más bien sorprendido con una realidad muy distinta a la que proyectaban mis deseos y el afecto de estar en familia. Yo hubiera jurado que pasé mi infancia en un espacio de casi doscientos metros cuadrados, cuando apenas llegaba a los sesenta.

El desencanto de encontrarse con el primer amor

Algo similar ocurre con el primer amor. Siempre resulta ser «menos» de lo que está en nuestra cabeza. Es como si lo hubiéramos mantenido en formol. Si te has encontrado con tu ex después de varios años, descubrirás algo increíble e inconcebible para tu conciencia: ¡envejeció! Su mirada ahora no es como la evocabas y hasta el color de los ojos parece haber cambiado. Entonces descubres que la impermanencia budista es una gran verdad.

Resulta que su forma de hablar no tiene el ritmo, la sonoridad y la vivacidad de antaño, si es que los tuvo. Y algo sorprendente: no era tan alto o tan alta. Pero lo peor es que ya no tiene el humor de aquellos años. Hasta tuviste que explicarle algunos chistes. ¿O no será que ese ingenio y las risotadas que retumban aún en tu cerebro no ocurrieron realmente? Cuando tienes una discusión con tu pareja y te retiras luego a fumar un cigarro a solas, empezando a comparar aquel primer amor prístino e inigualable con el actual, ten cuidado, porque tal vez nada o muy poco haya sido como lo recuerdas. Tu ex ya no existe, al menos como era antes. Y ya no puedes revivirlo ni traerlo con una

225

máquina del tiempo. Así que concéntrate en tu presente, a ver qué decides hacer.

Lo que debes tener en cuenta para empezar a crear una nueva historia personal

La espiral negativa en la que estás metido hace que te claves el cuchillo tú mismo, una y otra vez. Piensa en lo sofisticado y al mismo tiempo absurdo de este proceder. Distorsionas la realidad a favor del esquema negativo que tienes de ti mismo («no me gusto», «no soy querible», «soy demasiado débil», «no hago nada bien» y frases por el estilo). Es decir, refuerzas tu pobre autovaloración desconociendo las cosas buenas que te pasan. Luego guardas todas estas conclusiones sesgadas en tu memoria, para reforzar tu esquema negativo de antiamor propio.

Repito: haces todo lo posible para que te vaya mal, lo almacenas en tu memoria y lo recuperas para confirmar que no vales la pena. Una y otra vez, sin parar. Y de tanto en tanto te quejas. ¡No te das cuenta de que eres tú quien lo construye!

Una metáfora que podría explicar lo anterior sería como sigue. Vives con un perro de una raza muy brava, al cual le tienes miedo y estás convencido de que algún día te va a matar. Sufres mucho con su presencia, pero piensas que nada puede hacerse, que de una manera u otra te atacará. De todas maneras, lo alimentas para que sea fuerte y lo dejas andar libremente por la casa, así que el que termina encerrado en su cuarto eres tú. Además, le das vacunas, lo llevas al veterinario y el perro cada vez está más grande y más fuerte y, obviamente, tu temor crece. Y cuando te preguntan por qué haces exactamente lo contrario de lo que quisieras hacer, respondes: «Es que amo a los perros». Desesperante, ¿verdad? ¿No sería mejor sacar el perro de la casa de una vez por todas? A nadie le gusta vivir con su verdugo, real o imaginario.

Aunque te cueste creerlo, cuando intentes revisar tu memoria autobiográfica ofrecerás resistencia. Una parte tuya no querrá que modifiques nada, así la información esté sesgada en tu contra o sea errónea. ¿Por qué ocurre esto? Porque la mente está organizada para hacer que la realidad se acomode a sus creencias, esquemas o teorías, y no al revés.

Cuando los hechos coinciden con tus expectativas —sean buenas o malas—, la mente se muestra conforme. Pero si los acontecimientos muestran que tus creencias están erradas, la mente mira para otro lado o intenta alterarlos para que coincidan con sus teorías. A este proceso de «falsificación de la realidad» se le denomina *sesgo de confirmación*: estar dispuesto a todo con tal de que mi visión del mundo no haya que cambiarla.

¿Habrá algo más peligroso que la rigidez? ¿No te ha pasado alguna vez que te niegas a cambiar de opinión, así la evidencia en su contra sea contundente? Recuerda cuando hablábamos de la importancia de «actuar y pensar como científico»: confirma siempre con los hechos lo que piensas.

Para que reflexiones

Un ejemplo de lo anterior lo encontramos en siglo XVII, cuando Galileo Galilei, pionero de la astronomía, defendió la teoría de que el Sol era el centro del universo y no la Tierra. Él pudo comprobar su hipótesis a través de observaciones que desafiaban la visión aceptada por la Iglesia y la comunidad científica de la época. Al intentar presentar sus hallazgos a los líderes religiosos, esperó que estos consideraran sus pruebas y se abrieran a la nueva visión del cosmos. Sin embargo, muchos clérigos se negaron a mirar por el catalejo, aferrándose a la interpretación literal de las Escrituras y a las tradiciones científicas del pasado.

Este conflicto culminó en un juicio en 1633, en el que Galileo fue forzado a retractarse de sus ideas y tras el cual pasó el resto de su vida bajo arresto domiciliario. ¿Qué hicieron los sacerdotes? Tapar el sol con el dedo, literalmente, e hicieron un uso descarado del sesgo de confirmación. Probablemente, debieron decir que Galileo estaba loco, que sus postulados eran una blasfemia o cualquier otra cosa. Allí estaba la prueba que nadie quiso ver. Hay millones de ejemplos como este en el mundo.

Rescribe tu historia personal

Dentro de lo que se puede, todos tenemos un relato más o menos organizado de lo que fue nuestra vida, y una hipótesis o varias de cómo hemos llegado a ser lo que somos hoy. No olvides que la información a la que recurrimos puede ser errónea, imprecisa o malinterpretada en contra de uno mismo.

La idea no es mentirte a ti mismo y crear un guion de ciencia ficción, donde seas perfecto o un superhéroe, sino buscar si hemos olvidado o dejado de lado aspectos importantes que pudieran haber contribuido a elaborar una historia del «yo» menos dura contigo mismo. No es alterar tu historia, sino reacomodar la percepción que tienes de ella y construir un relato más equilibrado, donde tu amor propio y tu valía personal no salgan lastimados.

Rescribir tu historia personal es un proceso continuo que requiere reflexión, acción y compromiso. Al hacerlo, no solo trasformas tu narrativa, sino que también te empoderas, permitiéndote vivir de manera más congruente y alineada con tus deseos y aspiraciones.

Profundizar en tu historia personal es hilar los momentos más importantes de tu vida y comprender el porqué de las situaciones buenas y malas que tuviste que atravesar. Desafía la narrativa actual de tu vida. Cuestiona los hechos y reflexiona sobre tus recuerdos de manera honesta. Pregúntate: ¿son precisos?, ¿hasta dónde están influenciados por emociones y creencias del pasado?, ¿puedes confiar en su veracidad?

Te propongo siete pasos o fases para empezar a reformular tu historia personal del «yo».

FASE 1: TOMA PERSPECTIVA Y ACÉRCATE
A TU HISTORIA

Para empezar un nuevo relato de tu vida, necesitas tomar perspectiva, alejarte y mirarlo todo con la curiosidad de un antropólogo que se interna en una tribu desconocida por primera vez. Es verdad que tú eres el protagonista, sin embargo, de tanto en tanto, intenta verlo todo como si fuera la primera vez, según nos enseñaba Krishnamurti.

Te pido que pases de ser el protagonista a ser un espectador; unos minutos bastan. ¿Cómo lo ves desde fuera, como si les estuviera pasando a otros? ¿Cómo evalúas el episodio?, ¿no es tan grave o es alarmante? ¿es soportable o insoportable? También podrías afirmar que fue terrible, pero no definió tu existencia. Y si la definió, pregúntate cuánto peso consideras que tuvieron tus creencias al respecto a lo largo del tiempo.

Si ves que te estás enredando mucho en el evento que recuerdas, o sientes que estás perdiendo el control del análisis, date un respiro. Trata de hacer el siguiente ensayo: ¿cómo verías esa situación si estuviera ocurriéndole a otra persona, o si la observases en una película? Y muy importante, ¿qué le aconsejarías? En cada uno de estos intentos, ten en cuenta tus emociones, no las evites, aprópiate de ellas, reconócelas y ponles nombre: ira, desprecio, frustración, miedo, alegría, tristeza, asombro, lástima, interés, dolor, culpa, y así. Si se trata de un trauma severo, es fundamental la ayuda terapéutica cuando te implicas con las emociones.

FASE 2: SUELTA LA MANO Y ESCRIBE
ESPONTÁNEAMENTE LO QUE RECUERDES

Empieza a escribir sobre tu historia personal con una pregunta clave: «¿Cómo funcionó el amor propio en mi vida hasta hoy?». Recuerda si te valorabas, si ocurrió algo que te llevó a menospreciarte, un fracaso, una ruptura afectiva, la dependencia hacia alguien, tu cuerpo, tu inteligencia, la timidez, el rechazo social, tus logros, tus metas, la desesperanza, pensar que eras incapaz, la autocrítica destructiva, avergonzarte de ti mismo, el maltrato, la necesidad de aprobación..., en fin, busca cualquier cosa que haya afectado a tu dignidad personal.

Esta fase es la de aflojar la mano para la escritura y animarte a poner espontáneamente en el papel lo que está en tu memoria. No necesitas ser un novelista ni importa la forma ni la ortografía. Concéntrate en los hechos más significativos para ti. Por ejemplo, las cosas que más te dolieron y las que más te alegraron. Quién te sirvió como ejemplo de lo que debes o no debes hacer; busca a alguien a quien hayas admirado. Lo que compartiste con los compañeros y amigos, qué te dejaron de bueno y de malo. Tu debut afectivo y sexual, las conquistas y los desaires. La soledad que a veces sentiste, aun estando rodeado de gente. Cómo eras con tu familia. Los lugares donde has vivido.

¿Podría decirse que hubo momentos en que tuviste que sobrevivir en vez de vivir? Escribe y escribe, varios días, una semana, un mes. Insisto: destaca lo más importante para ti. ¿Cuáles fueron tus pasiones, tus sueños, tus logros? ¿De qué te has arrepentido? Y no interesa que esté ordenado, lo que buscamos es una escritura casi automática. Quizás pueda facilitarte definir las etapas en las que te estás focalizando: niñez, adolescencia, juventud o adultez, u otra categoría que tengas. En cada tiempo que definas, empieza a escribir de manera libre y desenfadada.

FASE 3: ELIGE LOS ACONTECIMIENTOS QUE CONSIDERES IMPORTANTES Y ORDÉNALOS EN SECUENCIAS

Si has sufrido abuso sexual, secuestros, intentos de asesinato, violencia extrema o cualquier experiencia severamente traumática, no los saques a relucir en este apartado. En estos casos se necesita ayuda profesional.

Deja descansar unos días lo que escribiste en la fase anterior. Cuando vuelvas a leerlo, elige dos o tres acontecimientos que consideres importantes en cualquier momento de la vida, por ejemplo: cuando empezaste a trabajar por primera vez, una discusión familiar o un fracaso significativo. Es decir: acontecimientos significantes. A continuación, dale orden al desorden: organízalo en una secuencia lo más cronológica posible y descríbelo con lujo de detalles, como si fueras a redactar un guion para una película o una obra de teatro. Ya no estamos en la fase de la escritura automática, así que vuélvete más obsesivo con la tarea, todos los detalles sirven. Queremos reproducir las experiencias según tus recuerdos.

No trates de modificar nada. Relee los pilares 3 y 4, y mira si encuentras algunas cosas que allí se señalaban: ¿te tratabas bien o te autocastigabas? ¿Te reforzabas o pensabas que no lo merecías? ¿En algún momento de tu vida encontraste tu lugar en el mundo? Visualiza cómo fue que te lastimaron y si te defendiste o no. ¿Te sentiste realmente apreciado y amado? Ponle título a cada parte de la secuencia como si fueran actos o escenas de una obra de teatro.

FASE 4: INTENTA DESCUBRIR LOS ERRORES
O DISTORSIONES QUE TIENEN TUS RECUERDOS

Aquí vamos a revisar si los hechos que escribiste son fiables y cercanos a lo que en verdad ocurrió. ¿Cómo hacerlo? Empezando por no utilizar o quitar las siguientes distorsiones o alteraciones de los recuerdos.

- *Atención focalizada.* Piensa si al escribir has prestado más atención a un factor que a otro, sea negativo o positivo. Por ejemplo, si en la actualidad te sientes deprimido, quizás tu atención se dirigió más a las circunstancias desfavorables de la historia, a expensas de las favorables. Así es imposible sentirse bien. Si no paras de darte latigazos, cada vez estarás más cuesta abajo. Tienes que decirte con cada parte de tu ser: «¡Ya no más! ¡Me cansé de sufrir!». Qué maravilla si fueras capaz de romper el condicionamiento de que el castigo es lo más apropiado para ti y no el refuerzo o la felicitación. ¿Que ya estás acostumbrado a focalizarte en lo negativo? No es excusa. Si dejaras entrar el amor propio y la aceptación incondicional de ti mismo, la autoflagelación dejaría de existir. Piénsalo, quizás valga la pena intentarlo. Míralo todo.

- *Sobregeneralización.* Es posible que un evento que haya ocurrido una o dos veces, en la memoria se haya multiplicado con el paso del tiempo, y ahora estás convencido de que sucedió cientos de veces. Por ejemplo, no fuiste valiente una o dos veces, y ahora te colgaste el cartel de cobarde. Cuando escribas tu historia verás aparecer la cobardía por todas partes, y de ahí a pensar que no mereces ser feliz hay un paso. Otro ejemplo: «¿Robó una vez? Entonces es un ladrón», sin tener la menor idea de por qué se produjo el robo. «¿No robó nunca? Entonces es una buena persona». Los asesinos en serie no suelen ser ladrones, ni el egoísta, ni el abusivo. ¿Entonces? Las conclusiones mal sustentadas tienden a volverse contra uno mismo. Trata de percibir los comportamientos que sucedieron tal como fueron y no hagas de una llovizna un temporal.

- *Maximización.* Se refiere a exagerar los acontecimientos negativos (incluso los positivos, si eres un optimista crónico o un narcisista consumado). Por ejemplo, supongamos que en cierta ocasión una chica te sacó a bailar y como no sabes seguir el ritmo de nada, le agradeciste y dijiste que no. Pero ella insistió, logró convencerte y salieron juntos a la pista. Como era de esperar, algunas personas, al ver que no seguías el compás de nada, se burlaron, y otras se rieron. Para ti fue el ridículo más grande que puede hacer una persona. Quedaste como el rey de los torpes. Y ahora, cuando lo recuerdas, las imágenes que llegan a tu cabeza son terribles. Las pesadillas que tuviste en tus sueños, tu memoria las tomó como realidad. El resultado fue que las burlas duraron mucho más tiempo del real; que fueron terriblemente crueles, lo cual no sucedió; que la chica te dejó solo en la pista y se sentó, cuando en verdad te acompañó todo el rato; y así. Magnificación al cubo. Todas tus anticipaciones de lo que podría haber sido y no fue se hicieron realidad en tus recuerdos y lo peor es que te crees el cuento. Para la mayoría, sentirse avergonzado en público es una de sus peores experiencias. Pero te aseguro que cuando tu autovaloración se asiente en el amor propio, sentirás que lo externo te afecta cada vez menos.
- *Interpretaciones erróneas.* A veces sacamos conclusiones apresuradas y clasificamos las viven-

cias o a las personas. Si tomas la parte por el todo o el todo por las partes, estarás tergiversando la realidad de lo que te ocurrió. Por ejemplo, supongamos que a un sujeto prejuicioso se le sienta al lado una mujer llena de tatuajes y vestida al estilo hiphop. La conclusión del individuo será que se trata de una persona inadaptada y que hasta podría ser peligrosa, así que se cambia de asiento. Y resulta ser una *hacker* que trabaja para el Gobierno en el área de ciberataques terroristas, tiene un hijo, está felizmente casada y es respetuosa con los derechos humanos. El señor necesita terapia. Esta inferencia arbitraria puede ocurrir en miles de situaciones, lo que nos lleva a pensar lo arriesgado que es sacar conclusiones gratuitas, sin más base que un estereotipo.

Habrás escuchado la expresión: «Por ver el árbol no ve el bosque». Yo agregaría un complemento contrario: «Por ver el bosque, no ve el árbol». Dos pensamientos opuestos, pero igual de incorrectos: los pegados al detalle y los pegados a lo holístico. En lo posible, saca de tu historia personal las conclusiones parciales o erróneas. Busca evidencia si tienes dudas, trata de no calificar ni juzgar la acción. Si eres una persona distinta por tu manera de ser y has sufrido de discriminación, sabrás lo que sufre el amor propio. No obstante, ese sufrimiento te está diciendo que hay que fortalecer tu dignidad y defender tu identidad a toda costa.

- *Pensamiento de extremos.* Cuando en tu memoria has categorizado la realidad con un pensamiento extremista, tenderás a no ver los grises. Utilizarás expresiones radicales, por ejemplo: *siempre/nunca, todo/nada, éxito/fracaso, correcto/incorrecto,* y así. Si analizas tu pasado en estos términos dicotómicos, no podrás encontrar la moderación al evaluar tus comportamientos y pensamientos. Al decir con frecuencia «*Siempre* me equivoco», te tratas mal a ti mismo, porque el mensaje subyacente es: «*Soy* un incapaz y un inútil». Es mejor afirmar: «*Algunas veces* me equivoco, trataré de cometer menos errores». Limpia, revisa, pule, repasa y verás cómo tu historia será más fiable y no estará sesgada en tu contra.

FASE 5: DETECTA SI EXISTEN PATRONES RECURRENTES DE COMPORTAMIENTO QUE SEAN INEFICACES O NEGATIVOS

Es importante identificar los patrones de comportamiento de tu historia personal. Cuando seleccionas un acontecimiento del pasado y lo empiezas a descontaminar, quedan muchas cosas al descubierto. En ese momento puedes descubrir si hay patrones recurrentes de comportamientos en tu vida que reflejan tu narrativa actual. Es decir: regularidades en tu forma de actuar, pensar y sentir que repites insistentemente, aunque no te den resultados. Te pregunto: ¿eres consciente de que tropiezas con la misma piedra? Pues esquívala o cambia de ruta, ensaya otra forma de llegar. Si me dijeras que la rutina y los hábitos pueden más que tú, es que no lo intentaste en serio.

Hagamos una prueba virtual, a ver qué piensas: responde con honestidad. Si la vida de un hijo o de tus padres dependiera de que no repitieras el mismo error, ¿vencerías el hábito o la rutina que lo provoca? Te están diciendo: «Si vuelves a tropezar con la misma piedra, matamos a la persona que amas». ¿Qué harías? Yo creo que sacarías fuerza y recursos de donde sea, estarías atento, despierto y en estado de alerta roja. Si alguien tira una serpiente venenosa cerca de ti, después del sobresalto inicial, toda tu mente, tu cerebro y hasta la última célula de tu cuerpo apuntan para el mismo lado: mantener la supervivencia. No hay espacio para nada más. Es decir: tienes la capacidad de hacerlo, pero requieres de una situación límite para activar la solución. ¿No es absurdo?

Te pregunto: ¿y si ese ser querido fueras tú mismo, no harías lo imposible por salvarte? Cuando realmente te amas, no habrá patrón de comportamiento que te detenga: no caerías una y otra vez en la misma trampa, no te harías eso a ti mismo.

Las regularidades nos muestran una mentalidad que se resiste al cambio. La clave es categórica: cuando algo no te funciona, adiós. Ensaya otras cosas. Un paciente, al aplicar esta fase, se sorprendió porque encontró tres patrones de conducta que le incrementaban los sentimientos de inseguridad. Me dijo un día:

«Ya no quiero ser ignorante de mi propia vida. Es increíble que no me haya dado cuenta». Ese día empezó su trasformación, dejó de andar con el piloto automático y trabajó con meditación y otras ayudas para potenciar el autoconocimiento. La siguiente premisa, aunque parezca obvia, no la pones en práctica: todo lo que te hace daño, sácalo de tu vida, sea lo que sea.

FASE 6: DESCUBRE EL SIGNIFICADO DE LAS EXPERIENCIAS QUE CONSIDERES IMPORTANTES

En esta fase deberás tratar de incorporar nuevos significados a tu historia del «yo». En psicología, la palabra *significado* se refiere a la interpretación o comprensión que una persona asigna a una experiencia, evento o símbolo. Esto implica utilizar dos estrategias básicas dirigidas a darles un sentido nuevo a las vivencias que hayas considerado importantes.

La primera es la de *reinterpretar la experiencia que has escrito*. Siempre es posible encontrar lecciones en los desafíos o retos del pasado. Siempre hay otra cara que te hace crecer si le prestas cuidado. ¿A veces, después de un fracaso, te has dicho a ti mismo: «Me fue muy mal, pero hacía falta»? ¿Por qué hacía falta? Porque es la única manera de que un testarudo pueda aprender. Un amigo al que considerabas una gran persona te estafó porque le diste información muy personal y se aprovechó de eso. Aquí tienes la opción de activar dos pensamientos positivos para tu salud mental: «No me merece, ya no lo quiero en mi vida» y «Soy demasiado confiado, debo cambiar esto». Autoafirmación y aprendizaje, una dupla que fortalece el amor propio. Recuerda que eres falible. No veas el fracaso como un punto final, sino como el comienzo de otra aventura. Como dije en otra parte: no avanzamos por ensayo y éxito, sino por ensayo y error.

La segunda es *enfocarte en la resiliencia*. No vas a pensar en lo mal que manejaste este o aquel asunto, no vas a mortificarte, sino que vas a tomar conciencia de lo que hiciste para salir adelante. Recuerda que el guerrero se siente orgulloso de sus heridas porque muestran las batallas que ha librado y su capacidad de supervivencia. Si tuviste una situación muy complicada —supongamos un cáncer de mama— y saliste adelante, quiere decir que luchaste, que no cediste ante la adversidad y no te diste por vencida; ahora eres más fuerte. Si quebró tu empresa y fuiste capaz de empezar de cero, dejando a un lado la rabia y controlando la depresión, ahora eres más fuerte. ¿Qué pensarías si vieras a otra persona que no puede sacarse de la cabeza el cáncer que tuvo, aunque lo haya superado, o de un comerciante que se lamenta constantemente por la quiebra y ha logrado crear de manera exitosa otra empresa? Les fallaría el enfoque, ¿verdad? Se quedaron pegados al evento traumático, en vez de ver cómo sacaron callos de su afrontamiento. No es menospreciar las desgracias, sino mostrar también un camino que siempre debes transitar: el de la resiliencia y recordar cómo te recuperaste.

Siéntete un héroe de tu propia vida. No importa qué haya acontecido. ¿Quién no ha tenido malas rachas? Pero batallamos. A veces creíamos que no íbamos a ser capaces y después nos sorprendimos de nuestra fortaleza y perseverancia. Ahora bien, si fuiste capaz de salir de semejante pantano, ¿por qué tenerles un miedo atroz a las dificultades nuevas? Las situaciones límite te sirven para mostrar quién eres: puedes correr despavorido, inmovilizarte o enfrentarlas. ¿Te das cuenta del sentimiento que deberías experimentar al decidir luchar en vez de permanecer inactivo? Una emoción que para muchos es un pecado, pero para la psicología, bien manejado, es un sentimiento positivo: el orgullo.

Sentirse orgulloso es experimentar una sensación de satisfacción y estima por uno mismo, debido a los logros alcanzados, las cualidades personales o por pertenecer a una comunidad o grupo determinado. La connotación negativa que tiene se traduce como soberbia y menosprecio por los demás. Le duela a quien le duela, cada vez que sientes satisfacción por quién eres, el amor propio se fortalece.

FASE 7: TRATA DE INTEGRAR LOS ASPECTOS POSITIVOS DE TU PASADO

Lo que sugiero es ver los acontecimientos adversos del pasado con otros ojos. No es hacer como el avestruz y meter la cabeza en un hueco. Para rescribir tu historia personal debes completarla con una visión equilibrada en la que integres otros factores que, quizás, por ver lo malo, ni siquiera has tenido en cuenta. Recuerda que eres el protagonista de tu vida, el principal, el que tiene el control, el que no se vende, el que se siente digno, el que es capaz de empezar de nuevo las veces que sea.

Entonces, para redactar un nuevo relato de tu vida, enfócate también en tus logros y en los momentos de alegría. Abre un capítulo entero sobre todas las situaciones felices; así sea una, escríbela. Como ya debe haberte quedado claro, a veces tenemos más memoria para lo malo que para lo bueno. Un paciente recordaba más veces y con más detalles el regaño de un profesor en la universidad que lo acontecido en el nacimiento de su hija. Estamos tan acostumbrados a sentirnos mal, que cuando empezamos a sentimos contentos, pensamos: «¡Qué irá a pasar!». Y, además, si estás superalegre, te mandan con el psiquiatra.

En la escritura y descripción de los hechos, trata de usar un lenguaje positivo, cuando sea posible, y empoderado, lo cual significa que adquieres más control sobre tu vida y tus decisiones. No tener confianza en ti mismo es la antípoda del empoderamiento. Las creencias sobre tu pasado no deben ser limitantes, sino potenciadoras. Busca algo bueno, que lo encontrarás.

Recuerdo el caso de una paciente que insistía en que nadie la quería y que su vida había sido de una gran soledad afectiva, tanto por la ausencia de su familia como por sus experiencias amorosas previas.

Cuando revisamos su historia personal, se vio claramente un marcado sesgo de memoria. Sus narraciones se alejaban ostensiblemente de la realidad, ya que aplicaban todos los puntos explicados anteriormente: atención focalizada, maximización, pensamientos extremos y demás. Elegimos cinco situaciones para analizar su narrativa: tres con viejas relaciones y dos con su madre. Los pacientes que han perpetuado por años unas creencias y emociones generan resistencias. Como vimos, la repetición construye una especie de canal delimitado por donde transita de manera constante todo lo que pensamos y sentimos.

Al desafiar su narrativa, se observó que su historia personal podía interpretarse de una manera más equilibrada y realista. Por ejemplo, no es que «no fuera querible», sino que elegía mal a sus parejas, lo que enredaba el vínculo hasta acabarlo. Respecto a su madre, cuando tuve una cita con la señora, me dijo que su hija nunca la había querido (¡lo mismo que decía mi paciente!). En la historia bien contada, los altercados entre ellas eran por cuestiones que nada tenían que ver con el amor. Otro punto para destacar fue que en el informe que redactó mi paciente no aparecía ninguna referencia a la relación que ella tenía con amigos o amigas. La revisión mostró que eran muchos y la apreciaban sinceramente.

A través de todos estos repasos y revisiones de los hechos, escribió una nueva historia personal de su «yo» desde un punto de vista más racional y objetivo. Tomó conciencia de los sesgos de memoria que contaminaban sus recuerdos y logró transformarlos o bloquearlos, según fuera el caso.

Para que reflexiones

Un joven buscaba consejo espiritual y acudió a un anciano sabio. Le contó que llevaba años atormentado por errores del pasado y que, por más que intentaba avanzar, siempre sentía el peso de sus recuerdos. El anciano escuchó en silencio, y luego le entregó una piedra pesada y le pidió que la llevara consigo.

El joven, sorprendido, obedeció y salió del lugar con la piedra. Con el tiempo, sintió sus brazos cansados, su cuerpo agotado. Entonces volvió y le dijo al anciano que no podía más, que el peso de la piedra era demasiado.

El anciano sonrió y le respondió: «¿Por qué insistes en cargar una piedra que ya no necesitas? Así como puedes soltar la piedra, puedes dejar el peso de tu pasado. Elige avanzar ligero, sin esa carga».

PILAR 7

EL AMOR PROPIO EN ACCIÓN: VUÉLCATE AL MUNDO Y VIVE INTENSAMENTE

No te anules y arriésgate

Enriquece el amor propio. Métete de lleno en la cultura que te rodea, conócela y no te resignes al nicho que ya tienes o estás pensando construir. ¿Te es difícil? La trasformación duele, pero vale la pena. Si lo que quieres son calmantes para eliminar por decreto los problemas, entraste al pensamiento mágico, además de ser inmaduro. Lo que debes buscar sobre todas las cosas es una buena dosis de coraje. Y, por si no lo tienes claro, la valentía es intentar llevar a cabo algo «peligroso» o miedoso, así te invada el pánico. El valiente no es el que no tiene miedo, es el que lo enfrenta: exponerte, aunque se sacuda cada rincón de tu ser. Una cosa más: escapa de los temerarios que no le temen a casi

245

nada, en su interior se esconde un psicópata en potencia o que ya se gestó.

El amor propio no es evitar el dolor o la complejidad de la vida, sino más bien ser capaz de abrazar tus experiencias y utilizar esas vivencias como oportunidades de crecimiento y autocomprensión. Al permitir que la realidad te sorprenda, no solo cultivas el amor hacia ti mismo, sino que también desarrollas una mayor resiliencia y una relación más auténtica con tu propia existencia.

Se le atribuye a Carl Jung una frase que nos pone en el camino: «Prefiero más ser una persona completa que buena», lo cual es coherente con su idea de un ser integral. El amor propio se debe manifestar en todas las áreas de tu personalidad y en todas las situaciones: debe ser completo y generalizado. Si te das cuenta de que no funciona en alguna parte de tu vida, debes remediarlo. Por ejemplo, si te sientes muy bien contigo mismo en el trabajo, en el estudio y en tu relación de pareja, pero cuando estás con tu familia, con los amigos o en la vida social te sientes inseguro o inferior, tu amor propio necesita ayuda. No sería lógico ni saludable limitar el amor a ti mismo según el día y el lugar.

Recuerda que no solo existe el castigo directo que tú mismo te aplicas por no quererte, también puedes tratarte mal por medio de un autocastigo más sutil. Por ejemplo, no sentirte merecedor o digno de estar en comunidad y no enriquecerte con las experiencias vitales. Te crees poca cosa y así te comportas. No te castigas propinándote un aversivo, lo haces eliminando actividades y situaciones que, al contrario de lo que piensas, te harían muy bien. Podríamos llamarlo *castigo por omisión*. Una persona puede morir de hambre porque sus verdugos deciden no darle alimentos. No le pegan un tiro ni le cortan la cabeza, simplemente desconocen sus necesidades y su humanidad.

Una manera entonces de autoinfligirte daño es alejarte del movimiento de la vida y crear una fortaleza donde solo caben tú y algunas personas. Te enconchas y un pensamiento se empieza a gestar: «El mundo no es para mí, soy un bicho raro». Si yo te digo que vales más de lo crees, no me harás caso, dirás que es mentira. No obstante, te repito esta consigna para que la reflexiones: cuando te pongas a prueba, cuando saltes al ruedo (lo harás tarde o temprano) y te enfrentes a lo que temes, quedarás sorprendido de tus capacidades. El filósofo Ralph Waldo Emerson decía: «Haz lo que temes y el miedo morirá».

Volvamos al «bicho raro». ¡Qué saben los demás sobre ti! Pues si te animas, te propongo crear la Asociación Mundial de los Bichos Raros, de la que tú serías el presidente. Tendrá millones de socios y yo seré el primero. La máxima es: «Voy a empezar a vivir sin las limitaciones que me han impuesto». ¿Qué te espera? La aventura de existir como te dé la gana (si no violas los derechos de nadie, tú incluido). Patito feo, oveja negra o bicho raro, es el mismo calificativo para excluirte porque eres extraño, distinto u opositor. Es decir, no te aguantan y tienen que calificarte.

Eso indica que estás haciendo algo genuino, que se aleja de la masificación que tanto admira la sociedad.

Otra forma de anularte es evitar pensar y negarte a realizar una reflexión profunda sobre quién eres y qué quieres. Es perderte en la distracción o en la sobrestimulación que, sea cual sea, te aleja de ti mismo. El método devorador de estímulos consiste en salir alocadamente y entretenerte sin descanso, para no estar cara a cara con tu persona. ¿Por qué? Porque supones que tu esencia no te gusta o no te gustará. Lo que realmente sucede es que no te valoras y quieres embolatar ese hecho, perder la memoria o idiotizarte mediante cualquier cosa que obnubile la mente y te impida autobservarte plenamente. Aprovechar el día al máximo y sacarle jugo a la vida no es convertirte en un consumidor frenético de placer y perderte en la superficialidad. Es alegrarte en sano juicio y sentirte presente y atento a lo que vives. Lo otro, el apego a la inconsciencia, es una adicción.

Recuerdo a una paciente mujer de veinticinco años que no sabía estar sola. En su calendario, cada fin de semana próximo estaba programado con meses de anticipación. Reuniones, fiestas, cumpleaños, matrimonios, viajes, en fin, siempre estaba aferrada a la diversión/distracción. En una ocasión le pregunté por qué no intentaba quedarse a veces en su casa. Me respondió: «¿Y qué voy a hacer yo en mi casa si no hay nadie?». Le dije: «Estás tú». Me miró sorprendida y dijo: «¿Yo? Sí, claro... Pero yo me refiero a la gente». Le comenté: «Tú eres parte de la gente, eres gente». Y su respuesta fue «No estoy segura, no estoy tan segura...». DESAMOR A SÍ MISMA con mayúsculas. Todo era una estrategia para confundir la angustia de sentirse distinta y desconectada de los demás. Vivía en un modo zombi y sin la menor conciencia de sí misma. ¿La razón? No se amaba. **Si careces de autodirección y de amor propio, la sociedad actual, o bien te atrae hasta enloquecerte, o te repele hasta deprimirte.** De ti depende que no ocurra ni una cosa ni la otra.

Mientras leas este pilar, haz de lado todas las concepciones que tienes de ti mismo y lo que te han dicho que eres. Inúndate de experiencias, investígate en plena acción, cambia el chip, vive apasionadamente y, si chocas con algún obstáculo, supéralo o al menos inténtalo con todas tus fuerzas.

Amarse a uno mismo es abrir los brazos y la mente, y dejar que la brisa, la tormenta o la nieve te lleguen al corazón. La guía interior es como sigue: «No me resigno a perder la alegría de vivir, no me resigno a sentir o experimentar cada día menos, me niego a no recrearme a mí mismo segundo a segundo».

Conviértete en un explorador de tu propia existencia

La mejor manera de liberarte de las restricciones injustificadas que te imponen o te has impuesto es activar y poner en práctica tres emociones básicas, no aprendidas. Naces con ellas porque garantizan tu supervivencia y te empujan a ser un explorador de tu propia existencia. Cuando un niño indaga en su mundo circundante, se mielinizan determinadas áreas cerebrales, lo que facilita la velocidad de la información e incrementa la creación y consolidación de redes neuronales *a posteriori*: es decir, mejora el aprendizaje. Explorar está a favor de la vida, si no exploras, involucionas. No te mueres, te vas gastando.

La primera emoción es la *curiosidad*. Ocurre cuando algo llama tu atención y un impulso irresistible hace que tu mente y tu cuerpo empiecen a husmear en la realidad que se te presenta. Un refrán muy conocido afirma que «la curiosidad mató al gato», pero eso no ocurre con los humanos. No te mata, te hace crecer. La gente mediocre, según afirmaba el filósofo argentino José Ingenieros, se encierra sobre sí misma presa del pánico porque vivir es altamente peligroso, como si se tratara de una enfermedad que no tiene cura. Curiosear para la gente mediocre es poco menos que un suicidio a cámara lenta: «¡Locos! ¡¿Cómo se les ocurre?! ¿Es qué no ven los riesgos?».

La segunda emoción es la *sorpresa*, que responde a la novedad y a lo inesperado. En esas situaciones desconcertantes todo tu *software* mental se detiene y se queda en blanco, pero atento al hecho mediante un punto de alerta. No hay ni pasado ni futuro. Todo tu ser está dispuesto a encontrar una explicación y a reacomodar los esquemas.

Hay gente que ha hecho de la costumbre y de lo predecible una forma de vida y ha enterrado la capacidad de asombro. Nada la mueve ni conmueve. Habita en un lugar donde solo hay letanía y aburrimiento del malo. ¿Has conocido a personas a las que todo les parece «normal»? Van al Niágara, a esa explosión maravillosa de la naturaleza sin control, y en su interior no se activa ninguna emoción. Luego les preguntas: «¿Qué te pareció?». Y responden: «Normal. ¡Eso sí, mucha agua!». ¿Qué les pasa? Van al Machu Picchu, en el Perú, y no perciben la fuerza espiritual del lugar. Su conclusión es: «Mucho mareo por la altura». Lo mismo que les pasa a los fanáticos de las fotografías cuando viajan y observan todos los lugares que visitan a través del lente de una cámara. O sea, no ven nada, no sienten nada. Al bloqueo de la percepción del placer yo lo llamo *constipación emocional*.

La tercera emoción es el *interés*. Curioseas, te sorprendes y luego te interesas en investigar de qué se trata. Esta indagación lleva al descubrimiento de lo que existe, de lo que es. Piensa: ¿exploras tu existencia o eres un simple espectador muerto del miedo porque las cosas no están bajo tu control? La necesidad de control nos impide escudriñar la realidad como es. Recuerdo la película *Instinto*, en la cual Anthony Hopkins interpreta a Ethan Powell, un etnógrafo que desarrolló su estudio viviendo entre los gorilas y al que luego, por distintos motivos, encarcelan. Era medio hombre y medio gorila en su manera de ser y actuar. Le asignan un psiquiatra, Cuba Gooding Jr., y comienza una pugna entre naturaleza y ciencia. En un momento dado, el psiquiatra le reclama que necesita tener el control de la terapia y él no obedece. Entonces Ethan Powell lo toma del cuello y le dice que tiene tres opciones para responder una pregunta correctamente o lo mata. Y le interroga: «¿Qué es lo que realmente controlas?», y le entrega un papel para que lo escriba. En el primer intento escribe algo que no es y en el segundo también. Cuando todo hace pensar que terminará matándolo, el psiquiatra anota una tercera respuesta que hace que el hombre gorila lo suelte. En el papel se podía leer: «Mis ilusiones». Los que creen que el control es un valor deberían, además de ver la película, leer a Epicteto para relativizar el delirio del control total. Eres el dueño absoluto de tus sueños y tus anhelos. No dejes que te los arrebaten. Toma la decisión hoy, ya, en este instante.

No te quedes en la teoría, practícala. Cuando las emociones citadas aparezcan espontáneamente, reconócelas. Háblales: «Hola, curiosidad», «Bienvenida, sorpresa» o «¿Llegaste, interés?». Cuando decidas ser un investigador de tu propia existencia, sentirás una energía y una vitalidad muy poderosas, una fortaleza nueva y a veces indescriptible. Tendrás la increíble sensación de estar inmerso en el flujo de la vida y comprometido con ella.

Acércate al sufrimiento y aprende a leerlo

Los intentos que hacemos todos de eliminar el sufrimiento de nuestra vida es comprensible. A nadie le gusta el dolor. Sin embargo, hay «dolores», «incomodidades» o «malestares» que son imprescindibles para una vida plena y saludable. Dicho de otra forma: hay sufrimientos que no cumplen ninguna función que debemos eliminar y hay sufrimientos necesarios que debemos tratar de comprender y asimilar como buenas lecciones.

El *wabi-sabi*, una corriente japonesa, se refiere al concepto de encontrar belleza en lo viejo, lo deteriorado y lo imperfecto. Es algo así como lo precioso en lo imperfecto. Representa una estética que valora la simplicidad, la transitoriedad y la imperfección en los objetos y en la vida. Según esta postura, el tiempo no deteriora, embellece. Sé que esto va muy en contramano de lo que te enseñaron, aun así, vale la pena intentar asumir una filosofía de vida basada en la impermanencia.

La fobia a las emociones negativas te impide vivir de manera completa. No digo que tires a la basura los afectos y sentimientos positivos, como pretenden algunos críticos, sino que no les rindas pleitesía. O tomas la vida como es en lo fundamental o no podrás adaptarte y crecer como persona. Te la pasarás lamentándote porque las cosas no son como te gustaría que fueran. ¿Lo reconoces? Seguro que te ocurre a veces. Esta pretensión no es más que un berrinche adulto: se conoce en psicología como *baja tolerancia a la frustración*. El niño, cuando no puede obtener lo que desea, llora, sin importarle las limitaciones objetivas para conseguirlo. A los adultos se nos disparan la ira o la ansiedad cuando no podemos tener el control, y protestamos como si el universo o no sé quién tuviera que hacernos caso. La realidad no puede acoplarse a tus antojos, tú debes ajustarte a ella. De no ser así, estaremos ante una personalidad inmadura.

Acércate al sufrimiento sin el terror que te han inculcado y trata de diferenciar el que es útil o necesario del que es inútil o innecesario. Luego concéntrate en mirarlo y estudiarlo con curiosidad. Del sufrimiento necesario, intenta contestar las siguientes preguntas: «¿Qué aprendo?», «¿Qué me quiere decir?» y «¿Qué estructura mental requiere modificarse o quitarse?». Veamos tres posibles aprendizajes que nos deja el «dolor mental».

EL SUFRIMIENTO COMO AVISO O SEÑAL DE QUE ALGÚN PROCESO MENTAL ESTÁ ALTERADO

El sufrimiento es información que te avisa cuando algo no está funcionando bien en el plano psicológico, así como el dolor físico es la señal que manda el cuerpo para decirte que hay un órgano o una función física que necesita revisión. Por ejemplo, si pierdes un partido de tenis con un amigo con el cual sueles competir y esa noche tienes pesadillas, empiezas a autocriticarte, estás toda la semana de mal humor, sufres cada vez que piensas lo que deberías haber hecho en tal o cual jugada..., este sufrimiento te está señalando que algo no anda bien en tu *software* mental. Es posible que tengas una creencia irracional llamada *autoexigen-*

cia (puede haber otras) que sería conveniente eliminar o desaprender. ¿Cuál es el contenido de esta creencia? Según el doctor Albert Ellis se trata de la idea de que para considerarse a uno mismo valioso se debe ser muy competente, suficiente y capaz de lograr cualquier cosa en todos los aspectos posibles.

En el caso que nos compete, perder una partida de tenis es visto y sentido como el peor fracaso, y por eso la lluvia de autocastigos. ¡Un simple juego de tenis! Esto te muestra que tu amor propio no está bien consolidado, porque haces depender tu valoración de un resultado. Además, aunque te cueste entenderlo, es imposible «ser exitoso» en todo lo que hagas. Insisto: si realmente te amaras, el resultado no afectaría a tu autovaloración. No es agradable perder, pero siempre estará la revancha como una opción, mejorar alguna técnica e incluso compartir la humanidad del contrincante y felicitarlo de corazón.

Supón que darás una conferencia en un congreso de empresarios de un tema en el cual te consideras experto. Tu expectativa es que te irá muy bien, ya que te preparaste en profundidad. Aunque quizás no seas consciente de ello, la fantasía que te ronda es que el auditorio te aplaudirá de pie y te ovacionará (seguro que has tenido alguna expectativa parecida en tu vida). Fuiste a la peluquería, compraste ropa nueva y hasta perfume, para el evento. Piensas que será tu entrada en el mundo empresarial por la puerta grande. Llegado el día, realizaste la exposición y, según tú, estuviste genial. No obstante, ocurrió algo que no tenías previsto: los aplausos no fueron estruendosos, más bien fueron entre moderados y bajos.

¿Cómo reaccionarías en esa situación? Una respuesta posible es salir abrumado y desconsolado porque no estuviste a la altura que esperabas. Entonces comienza una cascada de autorreproches y todo tipo de autocastigos. **El sufrimiento deja claro que te importa demasiado lo que los demás piensan de ti, hasta el extremo de poner en duda tus conocimientos. Es demasiada reacción negativa.**

¿Qué deberías hacer? Cambiar de enfoque. Por ejemplo, pensar que quizás no fue la mejor conferencia del mundo, pero los conceptos fueron bien explicados, la estructura fue lógica y fundamentada. Tener claro que no puedes dejar que un grupo de personas, por más especialistas que sean, decidan sobre tus capacidades. Si pudieras medir cuántos de los asistentes comprendieron en profundidad lo que expusiste, te sorprenderías.

Resumiendo, equilibra la balanza: en un platillo pon tu «yo sabio», el que se ama a sí mismo, y en el otro, la intensidad de los aplausos medidos en decibeles. Te pregunto: ¿qué crees que pese más para ti? De todas maneras, aunque logres manejar el incidente, el sufrimiento posterior de la conferencia te indica que debes revisar tu necesidad de aprobación.

El reconocimiento que los otros hagan de alguna cualidad o destreza tuya es agradable, te motiva y te anima. El problema es que hagas depender tu felicidad y tu autorrealización de las aclamaciones externas.

EL SUFRIMIENTO AL SERVICIO DE UNA META

Hay gente que no soporta la menor molestia. ¿Eres así de melindroso? De todas maneras, los umbrales sensoriales no son inamovibles y pueden entrenarse para aguantar más dolor. Piensa en un pesista, en un bailarín o bailarina, en los deportistas de alta competencia, en el artista que está embebido en su creación, en la gente que lucha por sus ideales. Piensa cuando tú mismo tienes una meta grabada a fuego en tu corazón y quieres alcanzarla pese a las dificultades. El no darte por vencido y persistir requiere esfuerzo, sentir que no das más y, cuando estás por tirar la toalla, una fuerza desconocida bloquea la dolencia y sigues insistiendo una y otra vez. La motivación puede más, ¿verdad?

¿Has visto alguna competencia de ciclismo donde tengan que subir montañas? Es impresionante la manera en que trepan por esas cuestas que parecen paredes y ver sus gestos de dolor cuando lo hacen. ¿Qué los empuja a no abandonar? El placer de decir: «Pude». Similar a los escaladores cuando llegan agotados a la cima de una montaña escarpada y difícil. Obviamente, esto no significa anular de tu cerebro las alertas ante objetivos realmente peligrosos y cuya probabilidad de alcanzarlos es nula.

¿Acaso prefieres el camino fácil? Malas noticias: para grandes cosas, el camino es cuesta arriba y accidentado. Si eres excesivamente delicado y no soportas la incomodidad y la molestia de la fatiga, tendrás que sacar callos. ¿Cómo tener un buen amor propio,

si te la pasas escapando de aquí para allá por miedo a sufrir? No digo que debas subirte al pódium ni estar en el top de nada. El éxito no es necesariamente alcanzar la meta, sino arriesgarse y tratar de alcanzarla, dando todo lo que tienes.

EL SUFRIMIENTO COMO SIGNIFICADO VITAL

Los que han leído a Viktor Frankl sabrán que el sentido de la vida y el significado que le demos al sufrimiento pueden transformarte radicalmente. Pregúntate: «¿Yo elegí este sufrimiento? ¿Este dolor cumple algún propósito? ¿Implica una razón vital? ¿Tiene un objetivo existencial o religioso? ¿Lo que me motiva es el amor?». Hay veces en que sufrimos por sufrir, incluso hay gente que, si no sufre, se siente rara, como si el padecimiento debiera ser su estado natural.

Esto lo vi claramente en un paciente que vivía estresado, era agresivo, controlador, competitivo y siempre estaba en alguna actividad difícil o retándose a sí mismo. Después de varios meses de terapia, el hombre cambió su estilo controlador/obsesivo por uno más benévolo, tanto para sí mismo como para las personas más cercanas. Al cabo de un tiempo distancié las citas debido a su mejoría, pero no siguió con la terapia. A los tres meses volvió a mi consulta. Su expresión mostraba una profunda preocupación. Y me explicó lo siguiente: «Me siento muy raro, doctor, no me encuentro a mí mismo, no sé cómo explicarlo. Ya no tengo motivación como antes. No se vaya a ofender, pero creo que estoy peor...». Después de conversar un rato, logré darme cuenta de que no estaba acostumbrado a sentirse relajado. Esa tranquilidad lo incomodaba muchísimo. Es paradójico, pero a veces cuando el cambio ataca tu esencia, es posible que la nueva visión del mundo no se acople a la imagen que aún tienes de ti mismo. Imaginemos que llevas toda la vida luchando en guerras y se declarara una paz mundial. Quizás empieces a sentirte extraño debido a que tu cuerpo y tu mente están acostumbrados a otra cosa. Algo similar ocurre con la gente que se jubila: «No sirvo para no trabajar», suelen decirme. Finalmente, mi paciente halló un punto medio, donde podía sentirse más a gusto.

Recuerdo un caso de un paciente que tenía problemas de pareja. La situación era muy compleja. Él amaba mucho a su mujer, pero era un hombre muy complicado y dependiente. Ella también lo quería, pero la convivencia se hacía cada vez más difícil, lo cual había generado en ella una depresión moderada. Un día el hombre me dijo: «Usted sabe cómo amo a esta mujer, pero no la veo feliz a mi lado. Yo no le puedo dar lo que ella necesita. Estoy seguro de que un buen hombre la haría feliz. Voy a separarme y espero que usted me ayude. Me dolerá en el alma, pero el sufrimiento que me espera será un acto de amor. Le pido que ella nunca sepa esto». Y así ocurrió, él se fue de la casa y la esposa empezó a mejorar de su depresión con un terapeuta que le recomendé. Ese «acto de amor», como él lo llamó, hizo que elaborara un duelo afectivo de muchos meses y cada vez que se sentía que no iba a ser capaz, imaginaba el rostro de ella sonriendo, como cuando la había conocido. ¿Cuál era el sentido del dolor que él mismo se provocó? «Salvarla», darle la oportunidad de una nueva vida. Sufrir para liberar del dolor a un ser querido: ¿lo has hecho alguna vez? ¿Se te ha pasado por la cabeza? Piensa, por ejemplo, que uno de tus hijos está invadido por el dolor en un hospital, ¿no te cambiarías por él si pudieras? ¿No aguantarías lo que fuera con tal de quitarle el padecimiento?

El sufrimiento humano constructivo tiene muchas caras, y la única manera de comprender su mensaje es no evitarlo y subir los umbrales para mirarlo a los ojos. El amor propio se va gestando cuando te expones, vives intensamente y eres realista.

Conversaciones con el pensamiento que provoca tu sufrimiento

Hazme caso: cuando tengas una emoción o un pensamiento que te moleste o duela mentalmente, ponle un nombre. Por ejemplo: Pepito. De ahora en adelante lo llamarás por su nombre, lo cual ya es un avance, porque lo bajarás del pedestal en que lo tienes (también puedes usar una mala palabra para dirigirte a él).

Cuando aparece, podrías decirle algo así: «Hola, Pepito... Como verás, esta vez me alejo de ti para verte mejor. No lo soportas, ¿verdad? Estabas convencido de que tenías un poder definitivo sobre mí, pues quiero observarte, quiero conocerte. Estaba tan metido en ti, que pensé que éramos uno y veo que no es así; afortunadamente, tú eres extraño a mi ser, no tienes nada que ver con mi esencia. Es más, ¿sabes lo que descubro en este instante? Que eres producto del lado estúpido de mi mente y tu opinión no es una ley que deba acatarse irremediablemente. Haré algo que te va a poner a temblar: aceptaré lo peor que pueda pasarme. Ahora te miro con curiosidad, hasta con humor, no pienso nada y te dejo estar allí, frente a mí. Solo eres algo que mis sentidos captan. No tienes razón y no te creo. Ya no estamos fusionados».

Te recomiendo hacer estas conversaciones con los ojos abiertos. Cuelga en la pared un dibujo del pensamiento que produce tu sufrimiento o incomodidad; nada especial, pueden ser unos trazos o una representación cualquiera y con el nombre con el cual lo bautizaste. Te vas a dirigir a él cada vez que quieras decirle algo. No lo rompas. Sácalo cuando termines, guárdalo y vuelve a colgarlo cuando inicies otra charla. Lo que te presento solo es una muestra, inventa la conversación que quieras, con el objetivo de perderle el respeto.

Los peligros de la evitación

Hacer contacto con uno mismo es imprescindible para fortalecer el amor propio y crear resistencia a una serie de trastornos psicológicos. Tener un total contacto con la realidad, sea como sea, te fortalece y te ayuda a conocerte más a ti mismo. Cada vez que ignoras, reprimes, olvidas o postergas algo importante, tu procesamiento de la información quedará incompleto y la angustia seguirá en segundo plano. Está comprobado que la evitación con el tiempo incrementa el sufrimiento que precisamente se pretende evitar: no resolverás los problemas, y tarde o temprano te sentirás un cobarde. El verdadero cambio no está en reformar algún aspecto superficial de tu vida, la trasformación vital solo se logra si remueves los cimientos de tu existencia.

Para que reflexiones

Un relato cuenta que un señor feudal se enteró de que en sus mazmorras había gente inocente. El hombre se indignó y dijo que debían reparar esa injusticia, así que mandó mejorar las prisiones de los inocentes.

Insisto: la verdadera conversión no es maquillar las cosas que no funcionan en uno, sino sacarlas de cuajo o hacerlas a un lado, de una vez por todas.

En mi práctica clínica he visto a muchas personas que se resignan a estar en una relación insoportable por años. El miedo influye, pero casi siempre se aferran a una esperanza que no tiene ni pies ni cabeza. ¿Qué hacen? Evitan y no procesan la información que les brinda el sufrimiento del cual son víctimas. **El miedo erosiona el amor propio y te lleva a aceptar lo inaceptable.**

Existen dos tipos de evitaciones: la conductual y la experiencial. La primera se refiere a no hacer o dejar de hacer algo por temor a las consecuencias, que no siempre son reales y racionales. La segunda, la evitación experiencial, se produce cuando no eres capaz de hacer contacto con las emociones que te lastiman por miedo a sufrir. Entonces, las mantienes lejos de tu conciencia, aunque en realidad siguen pegadas a ti. Por ejemplo, cuando un recuerdo te genera emociones negativas y recurres a píldoras, alcohol, sexo o videojuegos, entre otros evitativos, para mantenerlas alejadas o adormecerlas. La meta es que la imagen aversiva no siga presente ni un segundo más, a cualquier costo.

Dos aclaraciones:

- *Hay evitaciones que son adaptativas para la supervivencia.* Si te dicen que en la esquina hay un ladrón que está dispuesto a robar a todas las personas que por ahí pasen, ¿qué harás? ¿Te pondrás en modo superhéroe y te enfrentarás al atracador? Yo te recomendaría ver menos series de justicieros y cambiar de calle. Si corres delante de un león hambriento y el animal no puede darte alcance, nadie te juzgará como un cobarde, sino que comentarán de manera positiva tu gran habilidad para escabullirte.

- A veces, *la exposición a una emoción es tan fuerte que se necesita ayuda profesional*, como, por ejemplo, les sucede a los pacientes que sufren de estrés postraumático o trastorno de pánico. De todas maneras, aun en estos casos, la exposición será la solución, ya sea para dejarlo ir o resolverlo.

La explicación que da la psicología cognitiva conductual de por qué seguimos evitando situaciones problemáticas en vez de enfrentarlas puede explicarse con un ejemplo. Cuando te alejas de algo que temes, la ansiedad baja, y este bajón produce alivio, lo cual obra como un reforzador. Sin embargo, la cosa no se termina ahí, sino que se agrega un factor más. Cuando ya estás tranquilo y lejos de lo que te asustaba, te dices a ti mismo: «Menos mal que me fui, si no, quién sabe lo que hubiera pasado». No solo sientes alivio físico, también evitas una supuesta catástrofe inventada por ti mismo. Este doble refuerzo consolida la conducta de evitación, sea conductual o experiencial. O dicho de una manera más técnica: incrementa la probabilidad futura de que dicha evitación vuelva a repetirse.

Como sea, la evitación te impide estar en un contacto completo y profundo con el planeta y quienes lo habitan. La realidad te contiene y eres parte de ella, ese es el crisol donde el amor propio se va consolidando. Volcarse de lleno en el mundo es abrazar la curiosidad, el experimentalismo y la valentía como estilo de vida.

Uno de los mayores paradigmas de la evitación: la positividad tóxica

Quizás nunca has oído hablar de este tema, pero te recomiendo que le prestes atención, porque puede debilitar considerablemente tu amor propio. Esto ocurre cuando no aceptas gran parte de la realidad negativa de la vida. Si entramos en contacto con todo tipo de estímulos, nos guste o no, nuestro sistema inmunológico crea defensas y se fortalece. Se trata de una forma de evitación selectiva, en la que el miedo prevalece sobre cualquier decisión.

Definamos. La positividad tóxica se refiere a las estrategias que utilizan los individuos que no soportan las situaciones, los pensamientos, las emociones o los recuerdos incómodos o dolorosos de la vida, y deciden, como un gran mecanismo de defensa, negarlos o evitarlos a toda costa para crear un mundo ilusorio y de falsa alegría y bienestar. Es decir: una mentira existencial y un autoengaño altamente peligroso, entre otras cosas porque te considerarás más fuerte de lo que eres y estarás convencido de que todo es maravilloso si logras ser positivo a ultranza. Obviamente, hay grados: puedes tener algunas de las características que señalaré más adelante o todas.

¿Te acuerdas de la película *Matrix*, cuando le dan a elegir a Neo una de dos pastillas? Una lo dejaría en la realidad ficticia y llena de posibles placeres, a la cual estaba habituado, y la otra lo llevaría al mundo de una realidad que no era precisamente maravillosa. Leo elige la segunda y entra en un mundo complejo, fuera de Matrix. ¿Qué prefieres: una ignorancia feliz o una verdad dolorosa?

Esta es una de las formas de evitación más contraproducentes para evitar sentir y experimentar lo que nos produce malestar. El amor propio en una situación de estas se vuelve enclenque. Si no eres capaz de darle la cara al conjunto de los acontecimientos que ocurren en tu vida y solo te quedas con los fáciles, suaves y bondadosos, harás del autoengaño una forma de vida. Es posible que en lo más profundo de tu ser te sientas mal por querer esquivar la incomodidad natural que infinidad de humanos toleramos. Pero el miedo a sufrir puede más. Así es la vida, aunque hagas berrinches. Y cada vez que tomas conciencia y te avergüenzas de ser tan pusilánime ante la adversidad, te pierdes a ti mismo. La premisa es difícil de digerir: ¡vivir menos por el temor de vivir! Absurdo.

El problema podría describirse de esta otra manera: las personas que asumen una positividad tóxica como forma de vida sacan de tajo tanto el sufrimiento útil y necesario como el inútil e innecesario. Su objetivo es disminuir a cero la probabilidad de sentir dolor. Un imposible. Alan Watts decía: «No podemos ser más sensibles al placer sin ser más sensibles al dolor».

Si obligas a una persona que ha decidido ignorar los hechos negativos de la vida a mirarlos de frente, es posible que entre en *shock* y trate de volver a escapar a de realidad. Quizás se diga a sí misma: «Esto no está ocurriendo», y su pensamiento salte a cualquier lugar imaginario para escapar de lo que no quiere sentir. Así inventa algo parecido al país de Nunca Jamás, donde moraba Peter Pan.

Para que reflexiones

Podemos tomar un ejemplo de una historia de la tradición budista. Siddharta Gautama, quien se convirtió en Buda, era un príncipe que nació en el siglo VI a. C. en lo que hoy es Nepal. El joven Gautama vivió gran parte de su juventud en una vida de lujo, con la mayor facilidad y riqueza. Pero existía una condición muy especial: tratando de evitar cualquier sufrimiento al príncipe, ante su presencia nunca se habló de muerte, se escondió a los enfermos y a la gente que envejecía se la llevaba a otro sitio. La idea era crear una especie de Nirvana aquí en la tierra. Un día, Buda decidió salir con uno de sus sirvientes a conocer la realidad fuera del palacio. Cuál sería su asombro al descubrir que existían la vejez, la muerte y la enfermedad. Imagínate tú en esa situación. Su impacto fue definitivamente trasformador. Aunque acababa de ser padre, decidió abandonar su vida de príncipe para buscar respuestas y encontrar una solución al sufrimiento. Ahí comenzó su extraordinario peregrinar. Si nos pasara a nosotros algo similar, iríamos directos al psiquiátrico.

Algo similar, salvando las distancias, ocurre en la película *El show de Truman*, en la que el personaje interpretado por Jim Carrey descubre que vivía una realidad totalmente artificial y cinematográfica, lo que le lleva a escapar, no sin esfuerzo, del lugar. ¿Qué más podría hacer uno si descubre que todo es una mentira?

Tu amor propio no se fortalece en el palacio de Buda, sino en las afueras. Dentro de los aposentos majestuosos, el amor propio está determinado por las reglas de quienes mandan; fuera de allí, lo debes manejar tú, ya que te pertenece. En las calles de tu ciudad pulula la vivencia con todos sus matices e intensidades; en tu zona de comodidad, el artificio de los temerosos.

En una investigación que se hizo hace años y se ha seguido replicando en todo el mundo sobre lo que se llamó *desesperanza aprendida,* encuentras muchas explicaciones sobre nuestros comportamientos. En el estudio sometían a varios perros a una serie de *shocks* eléctricos aplicados al azar, de tal manera que los perros no pudieran predecir cuándo ocurrirían. Luego de varias repeticiones, los perros se quedaban quietos a la espera de la descarga y mostraban inapetencia, tristeza y otras conductas similares a la depresión humana. Al llegar la descarga, no hacían nada. Cuando se abría la puerta de la jaula, no salían. Los investigadores los sacaban del encierro y los animales volvían entrar. Ese lugar tétrico y espantoso les daba más seguridad que el exterior. Su conducta parecía decir: «Si esto es aquí dentro, cómo será allá fuera». La interpretación que se hizo de los resultados fue que los animales percibían que el mundo era incontrolable.

268

Sin embargo, lo que no suele decirse de esa famosa investigación es que el 30 % de los perros se resistieron hasta el final. Ladraban, intentaban morder a los experimentadores, saltaban y se golpeaban contra las jaulas intentando salir. ¿Quiénes eran? ¿Por qué ese grupo se oponía incluso a la depresión, ya que muchos no mostraban los síntomas de los demás? Pues ese 30 % resulta que eran perros que no habían sido criados en el laboratorio como los otros, sino que habían sido recogidos en distintas partes de la ciudad: eran perros callejeros. Esa lucha por la supervivencia mostraba un vigor y una tenacidad especiales. Se supone que los animales no tienen dignidad ni amor propio, pero en este caso se comportaron como si los tuvieran.

Si toleras un poco más el miedo o el sufrimiento, notarás que empiezas a comprenderlo. No es masoquismo, sino aprendizaje vivencial. Personalmente, he tenido tres experiencias cercanas a la muerte. ¿Sufrí? ¡Por supuesto! Podría decir alguien: «¿De qué te sirvió eso? ¡Qué estupidez!». Para mí fue increíblemente pedagógico. Jamás hubiera aprendido esta lección de otra manera. En todas las situaciones no sentí miedo, sino tristeza. Tristeza de dejar a los seres queridos. No eran mis libros, la profesión o algún objeto material, sino la gente que yo amaba. La muerte nos obliga al desapego y es lo que más nos angustia. Podrías decir: «Eso ya lo sabía». Discrepo. No es lo mismo imaginárselo que vivirlo en la peor de las situaciones límite. Yo lo hago desde las vísceras y con el saber de lo que experimenté.

Repito: tu «yo» y tu amor propio se consolidan en el centro mismo de la existencia. Grita a los cuatro vientos: «¡Contengo en mi interior lo que soy, lo auténtico, lo genuino, sin maquillajes y en plena realidad!».

Para que reflexiones

Las personas que caen en la positividad tóxica, tal como dice la doctora Sally Baker, en su libro *The Getting of Resilience: from the Inside Out,* muestran el desasosiego de la ignorancia emocional: «El problema de la positividad tóxica es que es una negación de todos los aspectos emocionales que sentimos ante cualquier situación que nos plantee un desafío».

Y en otra parte explica: «Anular constantemente todo lo negativo que sentimos en situaciones difíciles es agotador y no nos permite crear resiliencia». Es verdad, ¡qué cansancio! Esquivar la vida en vez de inundarse en ella. Conclusión: si estás incompleto, tu amor propio también lo estará y tus metas llegarán a ser extremadamente pobres, tanto que no habrá autoestima que te aguante.

Un caso personal

Yo tenía ocho años cuando un profesor sospechó que mi visión no era buena. El oftalmólogo confirmó la presunción: tenía una miopía bastante avanzada en ambos ojos heredada de mi padre. Yo no quería usar lentes, porque temía la burla de mis compañeros en el colegio, así que me resistí de todas las maneras posibles.

El día que me entregaron los lentes fue uno de los más tristes que recuerdo. Esa noche no dormí. Estaba sentado en la ventana y me imaginaba siendo señalado por todos mis compañeritos. Para colmo, en mi cabeza, tarareaba todo el tiempo la canción: «Cuatro ojos, capitán de los piojos», que con seguridad me cantarían en el patio de recreo.

Cuando amaneció, me quedé observando el antejardín del vecino, que siempre tenía lindas flores. Entonces vi algo que se movía en unos arbustos y de manera automática me puse los anteojos. Y fue cuando, a través del vidrio grueso de estos, descubrí dos ardillas: primero estaban jugando entre ellas y luego corriendo por las ramas de un árbol. En ese instante descubrí la nitidez y la claridad del verde, los colores de la calle y las casas. ¡Podía ver las ardillas, sus rayas y tonalidades! Recuerdo que me quedé extasiado con el cielo. Salí afuera y me senté a ver unas hormigas. ¡Podía contemplarlas con tanto detalle! Entonces comprendí lo que me había perdido durante esos años, pero también agradecí la fortuna de poder captar las cosas como son. Tenía que poner en una balanza, de un lado, la conexión con el mundo, y del otro, las burlas. Opté por lo primero y sobreviví al *bullying*.

¿Captas la analogía? Ver la vida a medias es como si la miraras a través de un banco de niebla, de forma parcial y distorsionada, ¿verdad? Lo mismo pasa con tu mundo interior: el amor propio no crece en el regazo de la ignorancia. Ignorar lo negativo y no procesarlo es una especie de miopía. Estarás en el mundo sin estar. La naturaleza, el cosmos, la vida humana, todo viene en un solo paquete. Si impides al cuerpo funcionar como un todo, dejas de existir. Con la mente pasa lo mismo. No estás totalmente metido en la existencia si rechazas las emociones o los pensamientos negativos. Y te aseguro que una vez que dejes entrar la totalidad de tus vivencias, te impresionará lo que se siente. Te la describo como una «molestia maravillosa».

¿Por qué la positividad tóxica es un factor negativo para la salud mental?

Queda claro que, si evitas lo negativo y no eres capaz de procesar el dolor, no sacarás el callo suficiente que se necesita para experimentar de manera cabal lo que piensas, sientes y haces. Cada vez que digo «sacar callo», no es acabar contigo mismo o lastimarte porque sí, es fortalecerte y hacerle un lugar a la valentía, es creer más en ti mismo. Los que practican karate con intensidad lo saben: endurecen sus nudillos de una manera impresionante, pero no se parten la mano. Al no hacer contacto con los sentimientos dolorosos, tu inteligencia emocional irá cuesta abajo. Una cosa es ser sensible, y otra, tener una hipersensibilidad que te impida estar contigo mismo, con los demás y con el mundo. El resultado último será el enclaustramiento, pero, quieras o no, el sufrimiento estará donde vayas, porque también lo llevas dentro.

Algunas de las consecuencias nocivas de rendirle culto a lo positivo y descalificar lo negativo son:

- No podrás conocerte a ti mismo de manera íntegra. Tu autoconocimiento será incompleto, *tu capacidad de sentir y experimentar se reducirá a la mínima expresión.*
- No soportarás el sufrimiento de los demás, por lo tanto, la conducta empática, que nace de que te duela el dolor ajeno, no estará activada en ti. *Preferirás una mentira relajante a una verdad incómoda.*
- Empezarás a criticar a la gente que expresa sus sentimientos negativos sobre alguna cosa («¡por qué eres tan pesimista!», «¡solo te fijas en lo malo!», «¡cómo vas a sentirte deprimido si la vida es maravillosa!»), así tu entorno sea horrible. *Tu grupo de referencia solo estará constituido por los ultrapositivos.*
- En las redes te mostrarás emocionalmente impecable, sin problemas y sin una mancha de frustración o malestar. Y lo harás aunque mantener esa imagen de «perfección» se vuelva cada más agotador. *Si sabes que no eres infalible, ¿por qué mientes?*
- Tu crecimiento personal se verá obstaculizado porque, tal como dijimos, *el desarrollo del potencial humano requiere meterse de cabeza en la vida*

y conectar con toda la existencia, el placer y el dolor, la calma y la ansiedad, el descanso y el esfuerzo.

- *Tu sistema inmunológico se mostrará cada vez más debilitado, debido a que tu mente no estará en contacto con los agentes internos o externos que lo fortalecen.* No desarrollarás anticuerpos. Cualquier pequeño percance será para ti algo terrible y sin solución.

- Si llevas a la práctica la premisa: «Todo debe ser agradable y llevadero», *tu capacidad de exploración y asombro se atrofiará.* La vida será cada vez más predecible y rutinaria. ¿Realmente eso es lo que quieres?

- *No querrás profundizar porque temerás encontrar algo que te afecte.* Serás cada día más superficial y sin acceso a la información. Una paciente que sufría de positividad desbordada no era capaz de leer noticias o ver noticieros sobre temas desagradables, lo mismo sucedía en las redes. Escapaba ante el menor indicio de calamidad que le produjera una molestia y por lo tanto no tenía idea de lo que ocurría en el planeta Tierra. Su barrio, su casa y su trabajo eran su mundo. Sus umbrales de aguante estaban por el suelo. Cuanto más evitaba, más débil se sentía.

- *Tu amor propio se verá paralizado, porque creerás que eres incapaz de tolerar los aspectos negativos de la vida.* Sabes que no podrás nutrirlo si miras la vida desde las gradas. Si te amaras de verdad, no te amputarías a ti mismo la facultad de sentir plenamente.

Ahora piensa: considerando el contexto anterior, ¿qué harás con el amor propio? ¿Lo esconderás? ¿Quedará a medio hacer? ¿Cómo procesarás la cobardía que te impide estar de cuerpo presente en cada vivencia completa? ¿No crees que alguna vez la autoestima tirará de tu humanidad preguntándote dónde quedó tu coraje? Para vencer el miedo hay que sentir molestia, como si tuvieras que atravesar parte de una selva para salvar tu vida. Es decir, vale la pena. Y solo se trata de aguantar el temor un poco más y tener la profunda convicción de querer hacerlo.

La positividad tóxica es un peligro para la supervivencia. Solo para que tengas la referencia de algunos de sus principios represivos: optimismo ingenuo o irracional; fobia a las emociones negativas; evitación de los problemas; obsesión por la felicidad y por estar siempre alegre; apoyo irrestricto a una filosofía buenista; creer que todo lo puedes y que tus deseos, con solo desearlos, se harán realidad; convicción de que el universo se confabula a tu favor; ver lo positivo donde no lo hay («siempre podría ser peor»), y así. Una cadena interminable de expectativas desmesuradas hacia lo «maravilloso» de la vida, lejos del alcance racional de cualquiera. ¿La consecuencia? Frustración de la peor. Y en cuanto al crecimiento personal, reafirmo la máxima: vivir a medias es crecer a medias.

Una metáfora sobre el optimismo ingenuo y el pesimismo

Supongamos que eres un soldado y con tu compañero de combate debes cruzar un largo paraje donde hay enemigos atrincherados en distintas partes. No hay otra forma de salir de donde estás que cruzar las arboledas y laderas. Se calcula que, en dos o tres horas, se puede llegar al otro lado. El lugar es tupido, así que es muy probable que el enemigo se esconda entre los arbustos y en las copas de los árboles.

¿Qué preferirías, un compañero pesimista o uno optimista? Piénsalo. Analiza los pros y los contras. Yo ya elegí. Preferiría un pesimista armado hasta los dientes y ojalá con rasgos obsesivo-compulsivos. El optimista ingenuo podría dejar pasar muchas señales porque confiaría en su buena suerte, en su intuición o minimizaría el riesgo. Si expresara con preocupación: «¡Mira esas ramas, se movieron!», es muy probable que me respondiera: «¿Cuál? No las vi... Pero ¡tranquilo, seguro es el viento!». Y si le mencionara que no se mueve una hoja y que no hay ni brisa, quizás me dijera: «¡No seas tan negativo!». El otro compañero de lucha, el pesimista, muy probablemente estaría con los cinco sentidos puestos, percibiendo obsesivamente cada movimiento del follaje o cualquier ruido «sospechoso» que ocurriera. El pesimista seguro que me expresaría una consigna de este tipo: «No nos relajemos para nada. Yo siempre espero lo peor para estar siempre listo». ¡Qué alegría tenerlo a mi lado!

EPÍLOGO

Al finalizar este recorrido por los siete pilares del amor propio, es crucial que nos detengamos un momento a reflexionar sobre lo aprendido. Como te habrás dado cuenta, el camino hacia el amor a uno mismo no es un destino, sino un proceso continuo, evolutivo y cambiante. Cada pilar, cada reflexión y cada ejercicio que has explorado a lo largo de estas páginas es una propuesta para explorar tu ser con valentía y curiosidad.

Este proceso de autoconocimiento y amor propio es, en esencia, un acto de rebelión contra las expectativas y presiones sociales que intentan definir tu identidad. Al aprender a valorarte y a aceptarte tal como eres, no solo reivindicas tu lugar en el mundo, sino que también inspiras a otros a hacer lo mismo. La autenticidad es contagiosa; cuando te muestras sin máscaras, invitas a quienes te rodean a ser genuinos.

Al enfrentarte a los desafíos de la vida, recuerda que el amor propio es tu refugio. Es el espacio interior donde siempre encontrarás consuelo, fuerza y la certeza de que mereces lo mejor. No permitas que las voces externas, la autocrítica o las comparaciones descarrilen tu camino. Defiende tu dignidad y mantente firme en tus valores, porque estos son el mapa que guiará tu travesía. El amor propio no es un acto egoísta; es un regalo que nos hacemos a nosotros mismos y que también ofrece beneficios a quienes nos rodean.

De acuerdo con tu historia personal y tus expectativas, habrá algún tema que te haya interesado más que otro. Sin embargo, la experiencia de sentir y abrazar el amor propio solo la obtendrás cuando pongas en práctica lo que enseñan todos los pilares en su conjunto. Amarte a ti mismo es una cuestión de calidad total.

El amor propio requiere que estés pendiente de él, es decir, de ti mismo. Nunca te olvides de ti, cada pequeño gesto de amabilidad hacia ti mismo cuenta. Celebra tus logros, aprende de tus errores y permite que la compasión y el perdón fluyan libremente en tu vida. Haz del amor propio un ritual cotidiano: escoge cada día para reafirmar tu valor, proteger tu paz y expresar tu autenticidad. Cada día, paso a paso, empezarás a sentir la magia de pertenecerte y disfrutar de ti mismo.

Repasa en tu mente cómo te sentiste al acercarte a cada tema. Si pensaste que estás muy lejos de alcanzarlo, te digo que lo mismo nos pasa a todos al empezar, entre otras cosas porque el camino que nos conduce al amor propio es interminable. Busca el gerundio. Es más saludable decir: «¡Estoy amándome en este momento, y continúo!», que focalizarte en cuanto te falta. No es el perfeccionismo el que te llevará a buen término, como dijimos antes: **la meta no es ser el mejor, sino mejor cada día.**

Nutrir el amor propio implica comprender que es un proceso vivo, imprescriptible (nunca se extingue, aunque puede debilitarse) e inalienable (no se vende ni se transfiere). Como pudiste leer, nace contigo y muere contigo. Hay personas que, estando solas, se sienten mal acompañadas. No se aguantan a sí mismas, se avergüenzan de ser como son, se menosprecian y se autocondenan, pero aunque esté maltratado, el amor propio no desaparece y, por lo tanto, es recuperable.

Si un pilar te confrontó, eso es señal de que hay algún déficit en esa área. Entones quédate allí más tiempo. Trata de poner en práctica lo que se te sugiere o anímate a inventar tú mismo qué hacer, ya sea en la comprensión, el autocuidado o el fortalecimiento del autoamor. La idea es integrar todos los pilares en un solo esquema.

Con los napolitanos que me crie, gente que venía de la Segunda Guerra Mundial, que viajaron de polizones para llegar a Suramérica, que llegaron a un país sin el idioma, sin profesión y sin dinero, con la meta de que debían traer a su familia, aprendí que más vale tener un ojo hinchado que la dignidad maltratada. Cuando defiendes tu identidad y el derecho a ser como se te dé la gana (sin violar los derechos de nadie), te vuelves muy poderoso, tanto que con seguridad empezarás a preocupar a los creadores de los algoritmos, que nos llevan de las narices de aquí para allá. Amarte a ti mismo significa no dejarte manipular y tener claro hacia dónde quieres ir, dos prerrequisitos del pensamiento crítico.

Afrontar el sufrimiento, aceptar la impermanencia y soltar los apegos, entre otras prácticas, son pasos indispensables para conectar con tu vida de una manera saludable. La valentía de abrirse a las experiencias del mundo y permitir que estas nos trasformen es la clave para vivir de manera auténtica.

Confío en que *Los 7 pilares del amor propio* te haya llevado a reflexionar sobre aspectos que no habías considerado antes. Espero que lo apliques sin dilaciones ni excusas...

Mi deseo es que te contemples hasta el cansancio, que logres construir tu lugar en el mundo y que consigas ser fiel a ti mismo, sin dejarte influir por lo que otros piensan. Quisiera que veas el autocuidado no solo como un derecho, sino también como un compromiso personal.

En fin, espero que disfrutes a rabiar la increíble experiencia de tenerte a ti mismo como un gran amigo, o el mejor.

BIBLIOGRAFÍA

Altaiamer, E. M. (2012). *The Oxford Handbook of Counseling Psychology*. Nueva York: Oxford University Press.

Aristóteles (1998). *Ética nicomáquea. Ética eudemia*. Madrid: Gredos.

Baier, K. (1995). «El egoísmo». En P. Singer (comp.), *Compendio de ética*. Madrid: Alianza.

Bareau, A. (2000). *Buda*. Madrid: Edaf.

Beauchaine, T. P., y Crowell, S. E. (2020). *The Oxford Handbook of Emotion Dysregulation*. Nueva York: Oxford University Press.

Berman, J., y Small, D. (2012). «Self-interest without selfishness: The hedonic benefit of imposed self-interest». *Psychol Sci*, 10, págs. 1193-1199.

Boland, R., y Verduin, M. L. (2022). *Sinopsis de psiquiatría*. Madrid: Wolters Kluwer.

Brach, T. (2019). *Radical Compassion: Learning to Love Yourself and Your World with the Practice of RAIN*. Nueva York: Viking.

281

Brooks, B. D.; Kaniuka, A. R.; Motley, D. N.; Job, S. A., y William, S. L. (2022). «We are just magic: A qualitative examination of self-love among Black same-gender loving men». *Cultur Divers Ethnic Minor Psychol*, 28(2), págs. 280-289.

Burns, D. D. (2021). *Autoestima en diez días*. Barcelona: Paidós.

— (2022). *Sentirse bien*. Bogotá: Aquari.

Comte-Sponville, A. (2003). *Diccionario filosófico*. Barcelona: Paidós.

— (2005). *Pequeño tratado de las grandes virtudes*. Barcelona: Paidós.

Cui, F.; Huang, X.; Liu, J.; Luo, Y., y Gu, R. (2023). «Threat-induced anxiety and selfishness in resource sharing: Behavioral and neural evidence». *Hum Brian Mapp*, 44, págs. 3859-3872.

Dalái lama (2016). «Discurso del dalái lama sobre egoísmo inteligente». En Marcelo Aguirre, Psicodestino (canal de YouTube). Consultado el 18 de junio de 2023, <https://www.youtube.com/watch?v=8FtIH3iK8M4>.

David, S. (2016). *Emotional Agility: Get Unstuck, Embrace Change, and Thrive in Work and Life*. Nueva York: Avery.

De Mello, A. (1994). *¡Despierta!* Bogotá: Norma.

Dhiravamsa (2010). *La vía del no apego*. Barcelona: La Liebre de Marzo.

Dragonetti, C., y Tola F. (2006). *Udana: la palabra de Buda*. Trotta: Madrid.

Duckworth, A. (2016). *Grit: The Power of Passion and Perseverance*. Nueva York: Scribner.

Dweck, C. S. (2006). *Mindset: The New Psychology of Success*. Nueva York: Random House.

Ellis, A., y Harper, R. A. (2003). *Una nueva guía para una vida racional*. Barcelona: Obelisco.

Ellis, A. (2005). *Sentirse mejor, estar mejor y seguir mejorando*. Bilbao: Mensajero.

Epicteto (1993). *Disertaciones por Arriano*. Madrid: Gredos.

Epicuro (2004). *Máximas capitales*. Madrid: Tecnos.

Gonzales, G.; Ahl, R. E.; Cordes, S., y Mc Auliffe, K. (2022). «Children strategically conceal selfishness». *Child Dev*, 93(1), págs. 71-86.

Greenberg, D., y Padesky, C. A. (2023). *El control del estado de ánimo*. Barcelona: Paidós.

Grosse, R. (2023). *A New to Cross-Cultural People Management*. Nueva York: Routledge.

Foucault, M. (1996). *Hermenéutica del sujeto*. Buenos Aires: Altamira.

— (2022). *¿Qué es la crítica?* Barcelona: Siglo XXI.

García, J. (2002). *Diccionario de ética*. Madrid: Mileto.

Haidt, J., y Lukianoff, G. (2019). *La trasformación de la mente moderna*. Barcelona: Deusto.

Hayes, C. S. (2023). *Una mente liberada*. Barcelona: Paidós.

Hayes, C. S.; Strosahl, K., y Wilson, K. G. (2015). *Terapia de aceptación y compromiso*. Bilbao: Desclée de Brouwer.

Kaufman, S., y Jauk, E. (2020). «Healthy selfishness and pathological altruism: Measuring two paradoxical forms of selfishness». *Front Psychol*, 11, <https://doi.org/10.3389/fpsyg.2020.01006>.

Kazantzis, N.; Reinecke, M. A., y Freeman, A. (2010). *Cognitive and Behavioral Theories in Clinical Practice*. Nueva York: The Guilford Press.

Krishnamurti, J. (2015). *La libertad primera y última*. Barcelona: Kairós.

Kuzmanovic, B.; Jefferson, A., y Vogeley, K. (2016). «The role of the neural reward circuit in self-referential optimistic belief updates». *Neuroimage*, 133, págs. 151-162.

Lama Yeshe (2008). *Ego, apego y liberación*. Madrid: Dharma.

Li, X. T.; Na, W., y Tong, Y. (2021). «A qualitative exploration of Chinese self-love». *Front Psycho*, 12, <https://doi.org/10.3389/fpsyg.2021.585719>.

López, S, J., y Snyder, C. R. (2009). *Oxford Handbook of Positive Psychology*. Nueva York: Oxford University Press.

Maranges, H. M., y Fincham, F. (2024). «Psychological perspectives on divine forgiveness: Childhood unpredictability negatively and divine forgiveness positively predicts self-forgiveness through self-control». *The Journal of Positive Psychology*, DOI: www.doi.org/10.108 0/17439760.2024.2338825.

Martell, C. R.; Dimidjian, S., y Hernan-Dunn, R. (2013). *Activación conductual para la depresión*. Bilbao: Desclée de Brouwer.

Mazzucchelli, T. G.; Kane, R. T., y Tees. C. S. (2010). «Behavioral activation interventions for well-being: A Meta-analysis». *The Journal of Positive Psychology*, 5, págs. 105-121.

Muroni, O., y Sudres, J. L. (2023). «Unconditional self-acceptance and self-compassion: Another clinic for anorexia nervosa?». *Soins*, 68(881), págs. 41-44.

Lipovetsky, G. (2006). *La era del vacío*. Barcelona: Anagrama.

Nathaniel, B. (2022). *Los seis pilares de la autoestima*. Paidós: Barcelona.

Pury, C. L. S.; Starkey, C. B., y Olson, L. R. (2023). «Value of goal predicts accolade courage: More evidence that courage is a taking a worthwhile risk». *The Journal of Positive Psychology*, 19, págs. 236-242.

Quaglia, J. T.; Soisson, A., y Simmer-Brown, J. (2020). «Compassion for self versus other: A critical review of compassion training research». *The Journal of Positive Psychology*, 16, págs. 675-690.

Reinecke, L., y Oliver, M. B. (2020). *The Routledge Handbook of Media Use And Well-Being*. Nueva York: Routledge.

Riso, W. (2009). *Terapia cognitiva*. Barcelona: Paidós.

— (2022). *Más fuerte que la adversidad*. Barcelona: Zenith.

Roger, C. R. (1961). *On Becoming a Person*. Boston: Houghton Mifflin.

— (2012). *Client Centered Therapy*. Nueva York: Robinson.

— (2017). *El proceso de convertirse en persona*. Barcelona: Paidós.

Rudaz, M.; Ledermann, T., y Fincham, F. D. (2022). «Caring for bliss moderates the association between mindfulness, self-compassion, and well-being in college-attending emerging adults». *The Journal of Positive Psychology*, 18, págs. 411-419.

Salkovskis, P. M. (1996). *Frontiers of Cognitive Therapy*. Nueva York: The Guilford Press.

Savater, F. (2008). *Ética como amor propio*. Barcelona: Ariel.

Séneca (1982). *Cartas a Lucilo*. Barcelona: Editorial Juventud.

Sharot, T.; Korn, C. W., y Dolan, R. J. (2011). «How unrealistic optimism is maintained in the face of reality». *Nature Neuroscience*, 14, págs. 1475-1479.

Shepperd, J. A.; Pogge, G., y Howell J. L. (2017). «Assessing the consequences of unrealistic optimism: Challenges and recommendations». *Conscious Cogn*, 50, págs. 69-78.

Spinoza, B. (1995). *Ética*. Madrid: Alianza.

Strosahl, K. D., y Robinson, P. J. (2018). *Mindfulness y aceptación contra la depresión*. Bilbao: Desclée de Brower.

Torralba Rosello, F. (2005). *¿Qué es la dignidad humana?* Barcelona: Herder.

Verspeek, J.; Van Leeuwen, E.; Laméris, D., y Stevens, J. M. (2022). «Self-interest precludes prosocial juice provisioning in a free choice group experiment in bonobos». *Primates*, 6, págs. 603-610.

Watts, A. (1993). *Nueve meditaciones*. Buenos Aires: Kairós.

— (1995). *Qué es la realidad*. Barcelona: Kairós.

Weller, J. A.; Vineyard. J., y Klein W. M. P. (2022). «Self-affirmation reduces uncertainty aversion for potential gains». *J Appl Soc Psychol*, 5, págs. 277-286.

Xu, Y.; Huang, Y.; Sun, L., y Yang, J. (2023). «Exploring the effectiveness of self-and other-focused happiness: The moderating role of job resources». *Psychol Res Behav Manag*, 16, págs. 4515-4527.

Young, J., Klosko, J., y Weishaar, M. (2013). *Terapia de esquemas*. Madrid: DDB.

— (2015). *Reinventa tu vida*. Barcelona: Paidós.

ACERCA DEL AUTOR

WALTER RISO nació en Italia y vive entre América Latina y Barcelona. Es doctor en Psicología, especializado en Terapia Cognitiva y con una maestría en Bioética. Desde hace treinta años, trabaja como psicólogo clínico, alternando esta práctica con la cátedra universitaria y la publicación de obras científicas y de divulgación. Sus libros, traducidos a más de veinte idiomas, han tenido un éxito arrollador y han cumplido el propósito de crear una vacuna contra el sufrimiento humano, además de proponer estilos de vida saludables.

Para más información:
www.walter-riso.com
@walter_riso
Walter Riso
@WalterRisoOficial